Holy Bible Puzzle

성경 퍼즐

성경 퍼즐

초판 1쇄 발행 2025년 11월 28일

지은이 배호식
펴낸이 장현수
펴낸곳 메이킹북스
출판등록 제 2019-000010호

표지 홍규선
교정 안지은
마케팅 이지현

주소 서울특별시 구로구 경인로 661, 핀포인트타워 912-914호
전화 02-2135-5086
팩스 02-2135-5087
이메일 making_books@naver.com
홈페이지 www.makingbooks.co.kr

ISBN 979-11-6791-810-9(03230)
값 20,000원

Holy Bible Puzzle

성경 퍼즐

배호식 엮음

메이킹북스

출간(出刊)의 변(辯)

요즘처럼 기독교인이라는 것이 부끄럽고 민망하고 죄송한 적이 없었다. 30여 년 전 목회자의 길을 포기한 나로서는, 내가 지금 목사라면 어떤 모습을 하고 있을까 생각할 때가 많다. 돌이킬 수 없지만, 만감이 교차하는 것은 많은 선·후배와 친구들이 현장에 있기에 교회나 목사를 편하게 볼 수만은 없는 입장에서 아쉬움은 어쩔 수 없는 것 같다.

예전에 유행한 개그 문구를 차용하여 “교회가 교회다워야 교회지”라고 말하고 싶다. 예전에 미국의 한 교회 앞에서 흑인 여인이 슬피 울길래 왜 우느냐고 물으니 교회에 들어갈 수 없어서 그런다고 했다. 그런데 그 질문을 한 사람이 “나도 들어갈 수 없단다” 하시는데 다시 보니 그분이 예수님이었다는 이야기가 있다. 예수님 없는 교회가 교회다울 수 있을까? 아니 교회일까?

교회가 전부 그렇지 않다. 아니 대부분 그렇지 않다. 그러나 그 대부분은 침묵하고 있다. 침묵은 동조다. 그렇기에 나의 부끄러움과 민망함과 죄송함에 그 대부분의 교회와 목사는 책임이 있다. 나는 그렇게 생각한다.

전도사 시절, 학생들을 생각하며 하나하나 만들어 둔 성경퍼즐을 까맣게 잊고 있다가 이제야 엮어 책이 되었다. 솔직히 어떤 의미로 출간을 하냐고 묻는다면 “아까워서”라고 답할 것 같다. 예전 시절도 생각나고 해서—.

모쪼록 먼지 쌓인 성경을 꺼내서 뒤적이는 계기가 됐으면 한다.

2025년 12월

배 호 식

첫 번째

1		2		■	3	
	■		■	4		■
5	6	■	■		■	7
■	8		9		■	
10		■		■	■	
■		■	11		12	
13	■	14		■		■

가 로 열 쇠

1. 아기 예수께 경배(敬拜)한 세 사람. (마 2:1,2)

3. 모세의 형(兄)이며 대변자(代辯者). (출 7:1)

4. 홍수(洪水) 후 노아의 자손(子孫)들이 거한 성읍(城邑). (창 11:9)

5. 남에게 구속(拘束)받거나 얽매이지 않고 자기 뜻에 따라 행동함.

8. 맹세(盟誓)의 우물. 야곱의 출생지(出生地). (창 28:10)

사무엘의 아들들이 사사(賜死)된 곳. (삼상 8:2)

10. 이스라엘이 홍해를 건너 처음 진을 친 곳. (민 33:8)

11. 예수님의 일곱 번의 말씀과 일곱 번의 이적(異蹟)을 기록하고 있는 책.

13. 노아의 장자. ○, 함, 야벳.

14. 여호와의 사랑하는 자. 안드레와 베드로의 아버지. (요 1:42) 세례○○.

세 로 열 쇠

1. 디도, 디모데, 마가, 아리스바고, 데마, 누가, 바나바 등은 바울의 ○○○이다.

2. 방향 식물(植物)로 바리새인들이 이것의 십일조(十一條)를 냄. (마 23:23)

3. 아담과 하와의 둘째 아들로 형에게 죽임을 당함.

4. 바울을 지지(支持)하여 재산(財産)을 팔아 사도들에게 바침. (행 4:36,37)

6. 에덴에 흐르던 네 강 중의 하나로, 아브라함의 후손(後孫)에게 주기로 약속(約束)됨. (창 15:18)

7. 마태, 마가, 누가복음을 가리킴.

9. 사가랴와 엘리사벳의 아들로 예수를 메시아로 소개(紹介)함.

12. 남의 명령(命令)이나 의사(意思)를 그대로 따라서 좇음.

두 번째

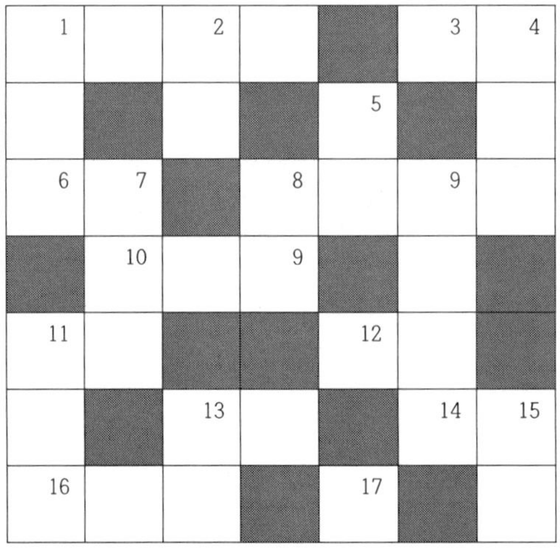

가 로 열 쇠

1. 예수님의 동생 야고보가 각지의 일반(一般) 성도(聖徒)들에게 보낸 편지(便紙).

3. 자기(自己) 백성(百姓)을 저희 죄에서 구원(救援)할 자.

6. 주로 소총(小銃)이나 기관총(機關銃)으로 무장(武裝)한 육군(陸軍) 병과(兵科).

8. 사울이 아히노암에게서 얻은 셋째 아들. (삼상 14:49)

10. 여섯 줄로 된 현악기(絃樂器).

12. 크기가 조그마한 북.

13. 잘못된 점을 지적(指摘)하여 부정적(否定的)으로 말함.

14. 현실(現實)에서 악한 짓을 한 사람이 죽어서 가는 세계(世界).

16. 오른쪽 손.

17. 알코올 성분(成分)이 들어 있어 마시면 취하는 음료(飮料).

세 로 열 쇠

1. 요셉과 마리아의 아들, 예수의 동생. (마 13:55,56)

2. 길갈 근처(近處)로 여호와의 사자(使者)가 이스라엘의 불신앙(不信仰)을 경고(警告)한 곳. (삿 2:1,2)

4. 솔로몬 왕 때에 이스라엘을 대적(對敵)한 나라. (왕상 11:25)

5. 어떤 일이 일어나거나 바뀌게 되는 원인(原因)이나 기회(機會).

7. 솔로몬 왕의 방위정책의 하나. (왕상 9:19)

8. 베드로가 칼로 귀를 벤 대제사장(大祭司長)의 종.

9. 마리아가 성령에 의해 잉태(孕胎)되었음을 천사 가브리엘이 알려준 일.

11. 빌라도의 고향(故鄕). (눅 3:1)

13. 에덴동산에 흐르던 네 강의 하나. (창 2:10)

15. 예전에, 옥(獄)에 갇힌 죄인(罪人)을 지키던 사람.

세 번째

가 로 열 쇠

2. 여호와가 구원(救援)하신다. 에브라임 사람 눈의 아들. (출 33:11)

4. 시몬, 반석(磐石), 어부(漁夫).

5. 요셉과 마리아는 예수님의 ○○이다.

7. 베들레헴의 부농(富農), 룻의 남편, 그리스도의 조상(祖上). (마 1:5)

9. 아론과 모세의 누이 아므람과 요게벳의 딸. (민 26:59)

11. 셈의 자손(子孫)으로 나홀의 아들이며, 아브람의 아버지. (창 11:26)

12. 이삭의 아내인 리브가의 오라비. (창 24:29)

14. 예루살렘의 성도(聖徒)로 흉년(凶年)이 들 것을 예언(豫言)함. (행 11:27,28)

16. 말로 약속(約束)함.

17. 남에게 입은 은혜(恩惠)를 잊고 배반(背反)함.

세 로 열 쇠

1. 바울이 두 번째 여행(旅行) 중 들른 곳. (행 16:1)

2. 느밧의 아들, 솔로몬에 반역(反逆)함, 북이스라엘의 초대(初代) 왕. (왕상 11:26)

3. 남의 마음에 들려고 비위(脾胃)를 맞추며 알랑거림.

6. 아주 잘게 부스러진 돌 부스러기.

8. 일곱 집사(執事) 중 하나, 최초(最初)의 순교자(殉教者). (행 7:58, 8:1)

10. 브두엘의 딸, 이삭의 아내, 에서와 야곱 중 야곱을 편애(偏愛)함. (창 22:20-23)

13. 더 높은 단계(段階)로 발전(發展)함을 비유(比喩)하는 말.

14. 날이 새면서 오전 반나절쯤까지의 동안.

15. 아주 귀하고 소중(所重)한 물건(物件).

16. 땅이 비탈지고 조금 높은 곳.

네 번째

가 로 열 쇠

1. '아이'의 방언(方言).

3. 에서의 장모(丈母). (창 36:2)

6. 엘리사의 사환으로 나아만에게 재물(財物)을 취하여 문둥병이 걸림.
(왕하 5:24-27)

8. 아브라함과 사라는 리브가의 ○○○임.

9. 병든 딸을 고쳐달라고 예수께 간청(懇請)한 가버나움의 회당장(會堂長). (막 5:22)

11. 바울이 로마로 호송(護送)되던 중 지난 소아시아의 성읍. (행 27:7)

12. 이삭과 리브가의 쌍둥이 아들 중 동생.
(창 25:20-26)

13. 최초(最初)의 살인자(殺人者).

14. 예레미야의 서기(書記)인 바룩의 아버지. (렘 36:3)

16. 야곱이 꿈에서 본 것. (창 28:12)

17. 베드로의 별칭(別稱)으로 요나의 아들이란 뜻. (마 16:17)

세 로 열 쇠

2. 어떤 집단(集團)을 주도(主導)할 수 있는 권력(權力)이나 지위(地位).

4. 예수가 살리신, 마리아와 마르다의 오빠. (요 11:1-44)

5. 시므온 지파(支派) 예후의 아버지.
(대상 4:35)

7. 시력(視力)이 미치어 볼 수 있는 범위(範圍).

10. 유대인의 선민의식(選民意識)에서의 모든 민족(民族). 야만인(野蠻人)

13. 원래(元來)의 이름은 요셉으로, 유대인의 대제사장(大祭司長). (요 18:13)

14. 그리스도의 조상(祖上)으로 멜기의 아들.
(눅 3:27)

15. 자연수(自然數)의 첫 수. 그리스도와 아버지는 ○○이심. (요 10:30)

다섯 번째

<table>
<tr><td>1</td><td>■</td><td>2</td><td></td><td></td><td>■</td><td>■</td></tr>
<tr><td>3</td><td></td><td></td><td>■</td><td>■</td><td>4</td><td>5</td></tr>
<tr><td>■</td><td>■</td><td>6</td><td></td><td>■</td><td>■</td><td></td></tr>
<tr><td>7</td><td></td><td></td><td>■</td><td>8</td><td></td><td></td></tr>
<tr><td></td><td>■</td><td>9</td><td>10</td><td></td><td>■</td><td>■</td></tr>
<tr><td></td><td>■</td><td>■</td><td></td><td>■</td><td>11</td><td></td></tr>
<tr><td>12</td><td></td><td>■</td><td>13</td><td></td><td></td><td>■</td></tr>
</table>

가 로 열 쇠

2. 골고다의 다른 말. 겟세마네.
3. 소돔과 함께 멸망(滅亡)한 도시(都市). (창 19:24-29)
4. 유다의 장자(長子)인 엘의 아내로 베레스와 세라를 낳음. (창 38:6, 마 1:3)
6. 야곱과 레아의 딸. (창 34:1)
7. 다윗의 계략(計略)에 의해 죽은 밧세바의 본 남편(男便). (삼하 11:1-27)
8. '사사기(士師記)'를 공동번역(共同飜譯)은 이렇게 표기(表記)함.
9. 바리새인과 함께 예수를 죽이는 데 일조(一助)한 자들로 예수께서 저주(詛呪)하심.
11. 잘난 체하는 태도(態度)로 겸손(謙遜)함이 없이 건방짐.
12. 믿었던 종교(宗教)를 배반(背叛)함.
13. 율법사(律法司). 교리 교사. 가말리엘.

(행 5:34)

세 로 열 쇠

1. 미리 알림. 예보(豫報), 예언(豫言)
2. 율법(律法)에서 복음(福音)으로, 구속(拘束)에서 자유(自由)를 선포(宣布)한 신약(新約)의 책.
5. 십일조(十一條)를 강조(强調)한 구약(舊約)의 책(冊).
7. 하나님 외(外)의 그 어느 것을 섬기는 행위(行爲).
8. 사사(士師)의 다른 말. ○○ 포청(捕廳).
10. 그리스도교.
11. 가르치는 이.
    예수가 모범(模範)이 되심.
    성령(聖靈)의 은사(恩賜)를 받아야 함.

여섯 번째

가 로 열 쇠

1. 심판(審判)받은 땅에서 자람 (사 34:13), 거짓 선지자(先知者). (마 7:15)

4. 유죄(有罪) 확정(確定)을 판결(判決)로 받은 사람.

6. 신성(神聖)한 종교적(宗敎的) 의무(義務)를 위해 하나님께 바쳐진 사람. 삼손, 사무엘, 세례요한 등.

8. 책임감(責任感)이 강함. 권위(權威)와 독선적(獨善的) 남용(濫用). 스스로 하겠다는 마음.

9. 의협심(義俠心)이 강했고 의심(疑心)이 많았던 예수의 제자(弟子).

10. 짐승 중 가장 강한 것. (잠 30:30)

12. 하늘의 심부름꾼. 가브리엘, 미가엘, 루시엘 등.

13. 그리스도 안에서의 기쁨을 강조(强調)한 바울의 옥중서신(獄中書信).

15. 한 생명이 ○○보다 귀함.

세 로 열 쇠

1. 시몬 베드로의 고향(故鄕). (막 1:21,29)

2. 잘못이나 허물이 없음.

3. 사마리아 사람들의 예배(禮拜) 장소(場所). (요 4:20)

5. 예수님이 자기(自己)를 지칭(指稱)할 때 사용(使用)한 말.

7. 예배(禮拜)를 진행(進行)하여 이끌어 가는 사람.

10. 드보라, 기드온, 입다, 삼손, 사무엘 등.

11. 하나님과 인간 사이를 화해(和解)시키고 교제(交際)를 유지(維持)하도록 하는 일.

12. 주께는 하루가 ○○ 같고 ○○이 하루 같음. (벧후 3:8)

13. 라헬이 야곱에게 첩(妾)으로 준 여종, 단과 납달리의 어머니. (창 29:29)

14. 함부로 하지 말 것 (잠 20:25), 반드시 시행(施行)할 것, 손해(損害)가 나도 갚을 것.

일곱 번째

가 로 열 쇠

1. Meeting. 마주침, 모임, 회합(會合).

3. 1990년대의 청소년(青少年)을 지칭(指稱)하던 은어(隱語).

4. 사고(四顧), 감정(感情), 의지(意志), 체험(體驗), 행위(行爲) 등의 여러 작용(作用)을 주관(主管)하며 통일(統一)하는 주체(主體).

7. 바울의 동역자(同役者). 아굴라의 부인(婦人). (행 18:1-3)

9. 삼손의 머리카락을 자른 블레셋 여인. (삿 16:4)

10. 선한 사마리아 사람의 비유(比喩)에 나옴. (눅 10:30)

12. 연극(演劇)이나 영화(映畫)에 출연(出演)하는 연기(演技)하는 사람.

13. 예수께서 이곳 사람들의 불신앙(不信仰)을 책망(責望)하심. (마 11:21, 눅 10:13)

14. 바울의 충실(充實)한 동역자(同役者). (딛 1:4)

세 로 열 쇠

2. 남성(男性)의 성을 지닌 사람.

3. 크리스마스(Christmas)의 약어(略語).

5. 열국(列國)의 아비, 사라의 남편(男便). 이삭의 아버지, 믿음의 조상(祖上).

6. 예수님이 탄생(誕生)하신 동네.

8. 행진(行進) (에 6:9),
선포(宣布) (느 8:3),
자기과시(自己誇示) (마 6:5),

10. 갯과에 속하는 야행성(夜行性) 포유동물(哺乳動物).

11. 바울이 편지(便紙)한 곳, 에라스도를 이곳에 머물게 함. (딤후 4:20)

12. 의를 저버리는 행위(行爲).
가룟 유다가 예수를 ○○함.

여덟 번째

1	2		3	■	4	5
■		■	6	7	■	
8		■	■	9	10	
■	11	12	■	■		■
■	■		■	13		14
15			16	■	■	
	■	■	17		■	

가 로 열 쇠

1. 창세기(創世記), 출애굽기, 레위기, 민수기(民數記), 신명기(申命記).

4. ○○을 너희에게 끼치노니 곧 나의 ○○을 너희에게 주노라. (요 14:27)

6. 만용(蠻勇) (민 14:40),
교만(驕慢) (느 9:16),
자기(自己) 의견(意見)을 굳게 지켜 우김.

8. ○○한 밤 거룩한 밤. 잠잠하고 조용함.

9. 홍수(洪水) 기간(期間).
모세가 시내산에 머문 기간(其間).
예수께서 광야(廣野)에 머문 기간.

11. 선지자(先知者) 사무엘의 어머니.

13. 모세의 설교(說教)를 기록(記錄)한 책.

15. 눈물의 선지자. ○○○○ 애가(哀歌).

17. 에스겔이 계시(啓示)를 통해 ○○에 차는 물을 봄. (겔 47:3)

세 로 열 쇠

2. 물로 세례(洗禮)를 줌.
헤롯에 의해 죽임을 당함.

3. 소돔과 고모라의 멸망을 ○○함.
조심(操心)하라고 알림.

5. 인자(人子)는 ○○○의 주인(主人)이니라.
6일의 노동(勞動) 후 오는 유대교의 휴일(休日).

7. 주인(主人)의 집에 고용(雇用)되어 그 집 일을 맡아서 보는 사람.

10. 하나님이 모세에게 계시(啓示)한 열 가지의 계명(誡命).

12. 룻의 시어머니. (룻 1:1-3)

14. 장차(張次) 태어날 아들의 이름 중 하나로, 그리스도의 명칭(名稱). (사 9:6)

15. 필요(必要)한 때를 위해 미리 준비(準備)해 놓음.

16. 모든 육축(育畜)을 하는 자의 조상(祖上). (창 4:20)

아홉 번째

가 로 열 쇠

2. 예수께서 귀먹은 농아(聾兒)를 고치실 때 하신 말. (막 7:34)

4. 수입(收入)의 열의 하나를 구별(區別)하여 하나님께 드림.

6. 바울과 바나바가 구브로 섬을 방문했을 당시 그 지방 총독(總督). (행 13:4,7)

9. 브두엘의 아들, 야곱의 장인(丈人).
(창 24:29)

10. 나아만에게 임의(任意)로 금품(金品)을 취해 문둥병에 걸린 엘리사의 사환(使宦).
(왕하 5:25)

11. 바울의 전도(轉道) 여행(旅行)의 동반자(同伴者), 본 이름은 요셉임. (행 4:36)

13. ○○에서 나를 조직(組織)하셨나이다.
(시 139:13)

15. ○는 먹지 마라. 예수 그리스도의 ○.
보혈(寶血).

16. 풀과 나무.

세 로 열 쇠

1. 기독교(基督教)에서의 '일요일'.
주의 날.

3. 예수님 대신(代身) 살아난 죄수(罪囚).
(마 27:16-26)

4. 이드로의 딸로 모세의 아내. (출 2:21)

5. 왕이 내림, 왕의 반지(斑指)로 인(印)을 침. (에 8:8,10),
왕의 명령(命令)을 알리는 문서(文書).

7. 바울의 전도(傳道)로 개종(改宗)한 빌레몬의 종. (골 4:7-9)

8. 담 대신(代身) 풀 등을 엮어 집을 둘러막거나 경계(境界)를 가르는 것.

10. 베드로의 별명(別名). (요 1:42)

12. 아합왕의 궁과 인접(隣接)한 포도원(葡萄園)의 주인(主人). (왕상 21:1-4)

14. ○○에 하나님이 천지(天地)를 창조(創造)하시니라.
○○에 말씀이 계시니라.

열 번째

가 로 열 쇠

1. 하나님께 받은 메시지를 해석(解析)하고 전달(傳達)하는 사람.

3. 예루살렘 성전(聖殿) 안뜰에 있는 동문(東門)의 이름. (행 3:2)

5. 이것이 무엇이냐? 광야(廣野)의 이스라엘 백성(百姓)에게 주신 양식(糧食). (민 11:9)

7. 둥우리 모양(模樣)의 새 보금자리.

8. 유월절(逾越節)에 먹는 누룩을 넣지 않은 빵. (출 12:15-20)

9. 세배대의 아들, 요한의 형제, 헤롯 아그립바에게 순교(殉敎) 당함. (행 12:2)

12. 너희는 양자(養子)의 영(靈)을 받았으므로 ○○ ○○○라 부르느니라. (롬 8:15)

15. 그의 내시(內侍)가 빌립에게 전도(傳道)를 받은 에디오피아의 여왕. (행 8:27-39)

16. 기도(祈禱)나 찬송(讚頌), 설교(說敎) 자기(自己)도 진실(眞實)로 그렇게 되기를 원한다는 뜻으로 하는 말.

세 로 열 쇠

1. 제사장 힐기야의 아들로 요시야, 여호야김, 시드기야 때의 선지자(先知者). (렘 1:1)

2. 자기(自己)나 자기와 관련(關聯) 있는 것을 스스로 우쭐대며 뽐냄.

4. 천형(天刑). 모세, 미리암, 게하시가 걸린 병(病).

6. 포도○○, 감람○○, 가시○○.

10. 우레의 아들. 예수께서 지어주신 요한과 야고보의 별명(別名). (막 3:17)

11. 홍수(洪水) 후에 보이신 하나님의 언약(言約) 증표(證票). (창 9:12,13)

13. 6대륙(六大陸) 중 가장 큰 대륙.

14. 이스라엘이 이 자(者)의 죄(罪)로 아이성과의 전투(戰鬪)에서 패함. (수 7:26-25)

열한 번째

1			2	■	3	
	■	■	4			■
■	5			■	■	6
7		■	8		9	■
■	10	11	■	■	12	
13	■		■	14		■
15			■		■	16

가 로 열 쇠

1. 가나안 땅을 정복(征服)한 이스라엘의 지도자(指導者).

3. 아브람이 75세에 이곳을 떠남.
라반의 거주지(居住地). (창 12:4)

4. 아람 왕의 군대(軍隊) 장관(將官)으로 그의 문둥병을 엘리사가 고쳐줌. (왕하 5:14-17)

5. 나사로와 문둥이 시몬의 고향(故鄕).
(마 26:6)

7. 천둥소리. 야고보와 요한의 별명(別名)으로 성질이 매우 급함을 비유함. (막 3:17)

8. '공법(公法)을 물같이 정의(正義)를 하수같이 흘릴지로다'로 유명한 선지자(先知者).

10. 아간이 돌에 맞아 죽은 곳.

12. 하나님의 보좌(寶座)를 지키는 여섯 날개의 천사(天使). (사 6:1)

14. 파라오.

15. 오병이어(五瓶二魚)의 이적(異蹟)을 하신 곳. (눅 9:10)

세 로 열 쇠

1. 바울의 세 번에 걸친 전도(傳道) ○○.

2. 삽비라의 남편(男便)으로 하나님을 속이려다 그 벌(罰)로 죽은 자. (행 5:1-15)

3. 아각 사람 함므다다의 아들로 아하수에로 왕의 총리대신(總理大臣). (에 3:1)

5. 바울이 방문했던 마게도냐의 한 성읍(城邑)으로 신사적(紳士的)이고 친절(親切)함.
(행 17:10)

6. 나는 ○로 세례(洗禮)를 주거니와--.

9. 저절로. 자진(自進)하여. 자기 힘으로.

11. 예수께서 십자가에 달려 죽은 곳.

13. 노아의 셋째 아들. 셈, 함, ○○.

14. 가나안과 베니게인의 신(神).
(민 25:1-5)

16. 과녁(貫革)에서 빗나감. 우리의 ○를 위해 주님께서 대신(代身) 죽음.

열두 번째

1		■	■	2		3
	■	4			■	
5			■	■	6	
	■	7	8		■	
■	9	■	10	■	11	■
12		■				■
■	13			■	14	

가 로 열 쇠

1. 하늘로 들림을 받은 선지자(先知者). 므두셀라의 아버지. (창 5:21)

2. 헬라인 부친과 유대인 모친에게서 난 바울이 총애(寵愛)한 사람. (행 16:1,3)

4. 보르기오 베스도라고도 하는 유대 총독(總督)으로 바울을 심문(審問)함. (행 24:27)

5. 아람어로 '열리다'라는 의미. (마 7:34)

6. 네가 ○○라도 다 갚기 전에는--. (마 5:26)

7. 앗수르의 수도(首都). (왕하 19:36)

· 백성(百姓)들이 회개(悔改)함. (욘 3:5-9)

11. 남의 인격(人格)이나 권리(權利)를 침해(侵害)하여 짓밟음.

12. 베냐민 지파(支派)의 성읍(城邑). 미스베라고도 함. (왕상 15:22)

13. 아모스의 아들로 히스기야 시대(時代)의 선지자(先知者).

14. 서로 다른 의견(意見)을 가진 사람이 각자(各自) 자기(自己)의 의견(意見)을 주장(主張)하며 다투는 행위(行爲).

세 로 열 쇠

1. 도움의 돌. 사무엘이 기념비(記念碑)를 세운 곳. (삼상 7:10-12)

2. 고린도 성도(聖徒)들의 구제모금(救濟募金)을 주창(主唱)함. (고후 8:6-23)

3. 가이사의 얼굴이 새겨진 신약 시대에 통용(通用)된 로마 은화(銀貨). (막 12:14-16)

4. 요한이 세례(洗禮)를 베푼 요단강 건너의 한 지역(地域). (요 1:28)

8. 하가랴의 아들로 종교개혁(宗教改革)을 주도(主導)함. (느 5:14)

9. 대개 4, 5세부터 초등학생(初等學生)까지의 아이.

10. 가나안 북쪽의 산지(山地)로 모세가 보기를 원한 곳. (신 3:25)

열세 번째

가 로 열 쇠

1. 스데반이 메소보다미아라고 일컬음. (행 7:2-4)

4. 여리고의 소경인 바디매오의 아버지. (막 10:46)

6. 땅속에 사는 동물(動物)로 부정(不淨)하게 취급됨. (사 2:20)

7. 애굽의 열 재앙(災殃) 중 하나. 인류(人類) 종말(終末)에 있을 재앙(災殃)을 상징(象徵)함. (계 9:3,7)

8. 의사(醫師)이며 바울의 동역자(同域者)로 사도행전(師徒行傳)과 누가복음을 씀.

9. 아버지의 여자 형제(兄弟)의 남편.

11. 하찮음을 상징(象徵)하는 아주 작은 벌레. (삼상 24:14)

13. 모세가 시내산에서 늦게 내려옴으로 인해 만든 우상(偶像). (출 32:1-4)

세 로 열 쇠

1. 소아시아 중앙(中央)의 성으로 바울이 처음으로 방문(訪問)한 곳. (행 16:3-6)

2. 하나님의 능력(能力) (시 147: 17). 영광(榮光) (시 18:12), 심판(審判) (사 28:2) 등을 상징(象徵)함.

3. 살갈퀴와 비슷한 풀로 예수님이 비유(比喩)로 사용(使用)하심. (마 13:24-30)

5. 그리스도의 영원성(永遠性)을 나타내는 헬라어의 마지막 철자(綴字).

6. 바울의 편지(便紙)를 에베소와 골로새에 전달(傳達)한 동역자(同域者). (엡 6:21)

8. 무교병(無酵餠)은 ○○을 넣지 않은 빵이다. (출 12:8-20)

10. 이삭을 재물(齋物)로 드리라고 명령(命令)한 장소(場所). (창 22:1)

11. 명예(名譽)와 권력(權力)과 연관(聯關)되는 세상(世上)의 지위(地位).

12. 동방박사(東方博士)의 선물(膳物) 중 하나로, 왕(王)의 권위(權威)를 상징(象徵)함.

열네 번째

가 로 열 쇠

1. 오네시모를 받아들이기를 부탁(付託)하며 빌레몬에게 쓴 바울의 편지(便紙).

3. 개미, 늣, 메뚜기, 귀뚜라미, 파리 등.

5. 심판(審判), 제비뽑기. 일의 옳고 그름이나 좋고 나쁨을 판단(判斷)하여 결정함.

6. 욥바의 여인으로 베드로가 살려줌. 다비다로도 불림. (행 9:36,40)

8. 믿지 못하거나 확실(確實)히 알 수 없어서 의아(疑訝)하게 여김. 도마.

9. 야곱이 이것의 가지로 양 새끼의 색깔을 조절(調節)함. (창 30:37)

11. 베드로의 별칭(別稱). '요나의 아들'이라는 뜻. ○○○시몬.

13. 부자(富者)와 거지의 비유(比喩)에서 거지의 이름. (눅 16:20-25)

14. 엘리사가 머문 집이 있는 곳.
(왕하 4:8-11)

15. 드보라 때에 야빈의 군대장관(軍隊官) 시스라를 죽임. (삿 4:17-22)

세 로 열 쇠

1. 본디오 ○○○에게 고난(苦難)을 받으사.

2. 사가랴가 아들의 이름을 썼던 ○○.
(눅 1:63)

4. 왕(王)이나 나라에 대해 마음에서 우러른 정성(精誠)스러운 마음.

7. 예수님의 활동(活動) 중심지(中心地)로, 백부장(百夫長)의 종, 베드로의 장모(丈母) 등을 고치신 곳.

8. 주일성수(主日聖守), 십일조(十一條), 구제(救濟) 등은 그리스도인의 ○○임.

10. 디베랴 바다에서 부활(復活)하신 예수를 목격(目擊)한 사람. (요 21:2)

11. 유대인 거짓 선지자(先知者). (행 13:6)

12. 엠마오로 가는 도중(途中) 부활(復活)하신 예수를 직접(直接) 만난 두 제자(弟子) 중 한 사람. (눅 24:18)

열다섯 번째

가 로 열 쇠

1. 사울이 개종(改宗)한 후 얻은 이름.

3. 하나님을 찾기에 갈급(渴急)한 성도(聖徒)를 비유(譬喩)한 동물(動物). (시 42:1-3)

4. 하나님과 하나님을 위하여 바쳐진 것을 말이나 행동(行動)으로 욕되게 하는 것.

6. ○○○을 너희에게 주노니 서로 사랑하라. (요 13:34,35)

8. 돌로매의 아들로 열두 제자(弟子) 중 한 사람.

10. 아나니아의 아내로 하나님을 속인 죄로 죽임을 당함. (행 5:1-11)

11. 잘못 서원(誓願)하여 딸을 제물(祭物)로 바친 사람. (삿 11:34-40)

12. 르우의 아들이며 나홀의 아버지.
(창 11:20-22)

세 로 열 쇠

1. 율법(律法)을 행위 위주(爲主)로 지키려 했던 유대인들로 예수와 끝없이 대립(對立)함.

2. 온갖 성의(誠意)를 다하려는 참되고 거짓 없는 마음.

3. 다윗으로부터 솔로몬에게 기름 부을 것을 명령(命令)받은 자. (왕상 1:32)

4. 구약(舊約)의 다섯 번째 성경(聖經).

5. 건물(建物)의 기초(基礎)를 튼튼히 하기 위하여 기둥 밑에 괴는 돌.

7. 기브아 용사(勇士), 다윗이 사용(使用)함. (삿 20:16, 삼상 17:40-50)

8. 이 사람을 없이 하고 ○○○를 우리에게 놓아주소서 하니--. (눅 23:18)

9. 바울이 신앙(信仰)이 좋음을 칭찬(稱讚)한 디모데의 외할머니. (딤후 1:5)

10. 함의 후손(後孫)으로 구스의 아들.
(대상 1:9)

열여섯 번째

1		2		■	■	3
	■		■	4		
	■		■		■	■
5	6	■	■	7		8
■	9		10		■	
11		■		■	12	
	■	13		■		■

가 로 열 쇠

1. 아하수에로 왕의 아내인 에스더의 사촌(四寸) 오라비. (에 2:5,6)

4. 제7년에는 가난한 사람을 위하여 그대로 두어야 함. (출 23:11)

5. 공경(恭敬)하며 삼가고 엄숙(嚴肅)함.

7. 룻이 보아스와 혼인(婚姻)하도록 배려(配慮)한 시어머니. (룻 1:1-3)

9. 나는 ○○○○요 너희는 가지니 가지가 열매를 맺지 못하면--.

11. 열두 제자(弟子)와 맛디아, 바울, 바나바 등을 지칭(指稱)하는 말.

12. 걱정이나 탈(頉)이 없음.
 너는 하나님과 화목(和睦)하고 ○○하라. (욥 22:21)

13. 기록된 바 ○○은 없나니 하나도 없다. (롬 3:10)

세 로 열 쇠

1. 모세가 기록(記錄)했다고 하는 구약(舊約)의 다섯 가지 경전(經傳).

2. 일종의 유대인의 우상(偶像)으로, 라헬이 아비 라반의 이것을 훔침. (창 31:19-35)

3. 사물(事物)이나 현상(現象) 등이 비롯되는 본바탕.

4. 기름의 원료(原料), 열매는 가난한 사람의 음식물(飮食物)이 됨. (신 6:11)

6. 나실인에게 금지(禁止)됨. (민 6:3)
 이스라엘 사람들의 중요(重要)한 먹거리. (삼상 25:18)

8. 모세가 바로를 피해 도망(逃亡)한 곳. (출 2:15)

10. 하나님께 사용되기 위해 드려진 사람.

11. 믿음, 소망(素望), ○○ 중 제일(第一)은 ○○이라.

12. 권리(權利)나 의무(義務), 신분(身分) 따위가 차이(差異)가 없고 고르고 한결같음.

열일곱 번째

1			2	■	3	■
	■	■		■	4	5
6		7	■	8	■	
	■	9				■
■	10		■		■	11
12		■	13		14	■
■	15			■	16	

가 로 열 쇠

1. 마태복음 5, 6, 7장에 기록(記錄)된 예수의 가르침.

4. 하나님께 제사(祭祀)를 드리기 위해 구별(區別)하여 만든 거룩한 장막(帳幕).

6. 랍비돗의 아내로 사사(士師)가 된 여인. (삿 4:4-11)

9. 사울이 죽은 후 불법(不法)으로 왕이 된 자. (삼하 2:8)

10. 아비나답의 아들로 언약궤(言約櫃)를 만졌다가 죽음. (대상 13:7-11)

12. 사물(事物)의 의의(意義)나 가치(價値)를 가볍게 여기거나 인정(認定)하지 않음.

13. 잠언(箴言)과 함께 솔로몬의 기록(記錄)이라고 전해지는 12장의 책(冊).

15. 야외(野外)에서 천막(天幕) 따위를 치고 잠을 자거나 머무를 수 있는 곳.

16. 베냐민의 아들. (창 46:21)

세 로 열 쇠

1. 예루살렘의 71명으로 구성된 유대인의 최고(最高) 회의(會議). 공회(公會).

2. 오직 주의 교양(敎養)과 ○○로 자녀(子女)를 양육(養育)하라. (엡 6:4)

3. 평판(評判)이 높아서 세상(世上)에 널리 알려진 이름.

5. 베냐민은 야곱의 열두 아들 중 ○○이다.

7. 베냐민 지파(支派)의 마을로 아나돗과 갈림 사이에 있는 곳. (사 10:30)

8. 자기(自己) 자신(自身)이 아닌 타인(他人)을 위한 기도(祈禱).

10. 유다 왕으로 아사랴라고도 함. (왕하 14:21)

11. 사단의 시험(試驗), 세 친구(親舊)와의 논쟁(論爭), 더 큰 번영(繁榮)을 누림.

13. 무력(武力)으로 싸움이 벌어지는 곳. 전쟁(戰爭)터.

14. 관계(關係)되는 둘 이상의 것 사이에서 각기(各其) 그 상대(相對)에 대하여.

열여덟 번째

가 로 열 쇠

1. 바울 일행(一行)이 탄 배가 만난 폭풍(暴風)의 이름. (행 27:14)

4. 예수를 종으로 묘사(描寫)했으며, 이방인(異邦人)을 위한 복음서(福音書)임. 복음서 중 제일(第一) 먼저 기록(記錄)됨.

7. 마게도냐의 주요(主要)한 항구 도시(港口 都市)로 바울이 복음을 전한 곳.

10. 자기 사는 곳을 떠나 다른 곳에 임시(臨時)로 머무르거나 여행(旅行) 중인 사람.

12. 하나님의 명령(命令)을 어기고 니느웨가 아닌 다시스로 가다가 바다에 던져진 자.

14. 애굽에서의 고난(苦難)을 기억(記憶)하며 먹는 누룩을 넣지 않은 빵.

15. 앞으로 해야 할 일이나 당할 어려움 따위에 마음의 준비(準備)를 단단히 함.

세 로 열 쇠

1. 비손, 기혼, 힛데겔과 함께 에덴에 흐르던 강. (창 2:14)

2. 예수님 당시 이스라엘을 지배(支配)하던 초강대국(超强大國).

3. 마태복음 13장의 여러 가지 복.

5. 사람이 죽어서 그 혼(魂)이 간다는 세상(世上).

6. 시돈과 함께 회개(悔改)치 않는 고을에 대한 책망(責望)에 등장(登場)하는 곳.
(마 11:21)

8. 아론의 지팡이에 이 나무의 열매가 열림. (민 17:8)

9. 나다나엘의 고향(故鄕). (요 21:2)

11. 사도바울이 문안(問安)한, 로마의 그리스도인. (롬 16:15)

13. 베드로의 장모(丈母)가 앓던 병(病).
장티푸스

열아홉 번째

1	■	2	■	3	■	4
	■	5				
6			■	■	■	
	■	■	7	8	■	
■	9	10	■	11		
12	■	13			■	■
14			■	15		

가 로 열 쇠

5. 에베소에 살던 은(銀) 세공자(細工者)로 바울을 폭행(暴行)함. (행 19:24-40)

6. 히브리 선지자(先知者)로, 언어장애인이 되기도 함. (겔 3:26)

7. 고맙게 여김. 고마움을 표시(標示)하는 인사. ○○ 헌금(獻金).

9. 이스라엘과 유다의 ○○ 조사(照査). (삼하 20:1)
한 나라, 한 지역(地域)에 사는 사람의 총수(總數).

11. 소아시아의 북서쪽의 지역(地域)으로 바울이 방문(訪問)함. (행 16:6-11)

13. '하나님의 얼굴'이라는 뜻이며, 요단 동편 얍복 언덕. (창 32:24-31)

14. 모세의 장인(丈人)으로 르우엘이라고도 함. (출 3:1, 민 10:29)
딸은 십보라임.

15. 유다 백성(百姓)에게 끊임없는 회개(悔改)를 부르짖은 선지자(先知者). 그의 책.

세 로 열 쇠

1. 다메섹 사람으로 모세의 종. (창 15:2)

2. 비손, 기혼, 유브라데와 함께 에덴에 흐르던 강. (창 2:14)

3. 막달라 마리아가 예수의 발에 부은 향유(香油). (요 12:3)

4. 바울이 방문(訪問)하기를 원한 곳. 에바브라가 목회(牧會)함. (골 2:1, 4:12,13)

8. 구약(舊約)의 열 번째 책.

10. 바나바의 고향(故鄕). (행 4:36)

12. 아간의 범죄(犯罪)로 이스라엘이 이 성과의 전투(戰鬪)에서 크게 패함. (수 7:2-5)

스무 번째

가 로 열 쇠

1. 예수를 세 번 부인(否認)한 제자(弟子).

2. 그리스어로 '숨기다', '가죽'을 의미(意味)함.

4. 하나님이나 그리스도에 대한, 감사(感謝)와 찬양(讚揚).

6. 모세오경의 세 번째 책(冊).

8. 마태 6장 9-13절, 누가 11장 2-4절.

9. 날개가 크고 깃이 김. (겔 17:3)

10. 기독교(基督教), 불교(佛教), 이슬람교 등은 세계(世界) 3대 ○○이다.

11. 히브리 여인 출산(出産)할 때 사내아이거든 죽이라는 명령(命令)을 받은 산파(産婆). (출 1:15)

12. 유다에게서 베레스와 세라를 낳음.
(창 38:6-30)

13. 하나님이 강하게 하심. 히브리 선지자(先知者)로 부시의 아들. (겔 1:3)

14. 이세벨의 간계(奸計)로 하나님과 왕을 비판(批判)했다가 누명(陋名)을 쓰고 죽음.
(왕상 21:5-16)

15. 요한 마가의 어머니인 마리아의 여종.
(행 12:12-16)

세 로 열 쇠

1. 다윗의 고향(故鄕), 메시아의 탄생(誕生) 예고지(豫告地).

3. 소아시아 동쪽의 고원(高原) 지대(地帶).

5. 싸리나 대로 엮어 만든 도구(道具).
(마 14:20)

7. 예수 그리스도를 구세주(救世主)로 믿는 종교(宗教).

10. 세상의 멸망(滅亡). (벧후 3:10-13) ·계속되어 온 일이나 현상(現狀)의 끝.

11. 바울이 두 번째로 갇혔을 때 허모게네와 함께 바울을 버린 자. (딤후 1:15)

12. 이새, 골리앗, 물맷돌, 사울. 요나단.

13. 세마포 겉옷 위에 걸치는 소매 없는 조끼 모양(模樣)의 윗옷.

스물한 번째

가 로 열 쇠

1. 남의 것을 대신(代身) 맡아 지키고 관리(管理)하는 사람.

4. 사울 왕의 장자(長子)로 다윗의 친구(親舊). (삼상 14:49)

5. 사도바울의 출생지(出生地). (행 21:39)

6. 에스겔 선지자(先知者)의 아버지.
(겔 1:3)

8. 다윗이 왕이 된 후 낳은 아들.
(대상 3:7)

10. 단 지파 아히사막의 아들로 성막(聖幕) 짓는 일에 참여(參與)함. (출 31:6)

13. 이스라엘을 최초(最初)로 침공(侵攻)한 앗수르 왕. (왕하 17:3)

15. 남의 집에 딸려 대대로 그 집에서 천한 일을 하던 사람.

16. 히브리인의 인사(人事).

세 로 열 쇠

2. 하나님의 언약궤(言約櫃)를 둔 성소(聖所)의 가장 거룩한 곳.

3. 어떤 일이나 현상(現想)이 이루어지는 바로 그때.

4. 성전(聖殿) 수리(修理) 중 율법(律法)을 발견한 후 종교개혁(宗教改革)을 단행(斷行)한 왕. (왕하 21:25)

5. 열두 제자(弟子) 중 한 사람. (마 10:3)

7. 열 재앙(災殃) 중 네 번째 재앙.
(출 8:21-31)

9. 속죄일(贖罪日)에 광야(廣野)로 내보내진 염소. (레 16:8)

11. 드립 산지(山地)에 있는 유다의 성읍(城邑). (수 15:51)

12. 아버지 다윗에게 반역(反逆)한 아들.
(삼하 3:3)

14. 거친. 이삭의 맏아들.

스물두 번째

1		2		■	■	3
	■		■	4		
	■	5	6		■	
7	8	■		■	9	
■	10		■	■		■
11		■	12			
	■	13		■		■

가 로 열 쇠

1. 모압의 신으로 이스라엘이 숭배(崇拜)하다 이만 사천 명이 죽음. (민 25:1-9)

4. 바벨론 포로(捕虜)에서 귀환(歸還)한 유다 자손이 정착(定着)한 성읍. (느 11:26)

5. 욥과 그의 친구(親舊)들을 꾸짖은 사람. (욥 32:2-6)

7. 생명책(生命冊)에 기록(記錄)되지 못한 자는 ○○에 던지우더라. (계 20:15)

9. 나홀의 아들이며 아브람의 아버지. (창 11:26)

10. 남을 크게 사랑하고 가엾게 여기는 마음.

11. 자기(自己) 나라를 사랑함.

12. 북 왕국 이스라엘 전체(全體)를 가리킴. (왕상 21:1)

13. 사탄에게 시험(試驗)받는 자 욥의 이야기.

세 로 열 쇠

1. 귀신(鬼神)의 왕, 사탄의 별명(別名). (마 12:24)

2. 야곱이 천사(天使)와 씨름한 얍복 언덕. (창 32:30)

3. 자주 장사 루디아가 살던 성읍(城邑). (행 16:14)

4. 엘리야에게 기름 부음을 받아 아합왕의 계승자(繼承者)가 된 신하(臣下). (왕하 9:25)

6. 로마에 살던 한 그리스도인. (딤후 4:21)

8. 부활(復活)하신 예수님의 손바닥의 ○○○.

9. 마리아가 예수께 부은 향유(香油)의 값이 3백 ○○○○임. (요 12:5)

11. 예레미야 ○○. 슬픈 노래.

12. 못된 꾀로 남을 속임.

스물세 번째

1		■	2		3	
	■	■		■		■
4		5	■	6		7
	■		■		■	
■	■	8			■	
9	10		■	■	11	
■		■	12			■

가 로 열 쇠

1. 사내아이가 태어난 후 팔 일 만에 행하는 언약(言約) 의식(儀式). (레 12:3)
2. 성전(聖殿)의 찬양(讚揚)을 맡았던 레위인. (대상 16:6)
4. 바울의 설교(說敎)로 빌립보에서 처음 개종(改宗)한 자주 장수. (행 16:14,15)
6. '우리가 당신(當身)께 구하오니 우리를 구원(救援)하소서'. (마 21:9)
8. 여리고 근처(近處)의 고지(高地)로 이스라엘이 진을 친 곳. (민 33:47)
9. 골로새에 오네시모와 함께 바울의 편지(便紙)를 전달(傳達)한 사람. (골 4:7)
11. 소선지서(小先知書)의 두 번째 책(冊).
12. 예수의 시체(屍體)에 바를 향유(香油)와 향품(香品)을 준비(準備)한 여인. (눅 23:55,56)

세 로 열 쇠

1. 여호와를 찬양(讚揚)하라.
2. 보아스와 룻의 아들로 다윗의 조부(祖父). (룻 4:17-22)
3. 모세의 명으로 여호수아가 단(壇)을 쌓은 곳. (수 8:30-35)
5. 다니엘의 세 친구(親舊) 중 아사랴에게 지어준 바벨론식 이름. (단 1:7)
6. 하나님이 모세에게 나타나신 곳. (출 3:1-)
7. 광야(廣野) 생활(生活) 중 아르논에서 북쪽으로 가던 중 진(陣)을 친 곳. (민 21:19)
10. 비손, 힛데겔, 유브라데와 함께 에덴에 흐르던 강. (창 2:13)
11. 이스라엘 왕 여로보암 2세 때의 선지자(先知者). (왕하 14:25)

스물네 번째

1			2	■	3	
	■	■		■		■
4		5	■	■	6	7
	■	8		9	■	
■	10		■	11		
■		■	12		■	■
13			■	14		

가 로 열 쇠

1. 저자(著者)가 누구인지 확실(確實)하지 않다고 하는 신약(新約) 19번째 책.

3. 하나님의 창조력(創造力)을 드러내는 기상(氣象) 현상(現想). (욥 38:29)

4. 사울 왕조(王朝)의 중심지(中心地)로 이곳의 죄악(罪惡)이 오랫동안 기억(記憶)됨. (삼상 10:26)

6. 인도산 방향(芳香) 식물(植物)로 만든 향유(香油). (아 1:12)

8. 아기 예수가 태어난 자리. 말 먹이통.

10. 삼손의 여인 들릴라가 살던 골짜기. (삿 16:4)

11. 함의 아들 붓의 자손(子孫)들이 살았던 애굽의 서쪽. (겔 30:5)

12. 에브라임 산지(山地)의 베냐민 사람으로 비그리의 아들. (삼하 20:1)

13. 엘리야, 엘리사, 다니엘, 에스겔, 호세아 등.

14. 사울이 개종(改宗)하게 된 계기(契機)가 된 곳. (행 9:20)

세 로 열 쇠

1. 유다 왕으로 성전(聖殿) 중심의 개혁(改革)을 단행(斷行)함. (대하 29:3-)

2. 안부(安否)나 소식(消息), 볼일 따위를 적어 다른 사람에게 보내는 글.

3. 요한계시록(啓示錄)에 나오는 일곱 교회(敎會) 중 하나. (계 1:11)

5. 에서의 아들 엘리바스와 첩 딤나 사이의 아들. (창 36:12)

7. 바울이 마게도냐인의 환상(幻想)을 본 항구(港口) 도시(都市). (행 16:8.9)

9. 천국(天國)을 묘사(描寫)한 것으로, 하나님의 보좌(寶座) 앞에 있음. (계 4:6)

10. 자기의 것으로 가지고 있는 땅.

스물다섯 번째

가 로 열 쇠

1. 바다에 던져진 요나를 삼킨 동물(動物).

4. 어떤 사물(事物)이나 장소(場所)가 더럽고 지저분함.

5. 땅에 기어다니는 부정(不淨)한 동물의 하나. (레 11:30)

6. 남자 성기(性器)의 표피(表皮) 끝을 조금 끊어 내거나 그 일부(一部)를 제거(除去)하는 의식(儀式).

7. 사람이 들어가 살기 위해 지은 구조물(構造物). 가옥(家屋). 주택(住宅).

8. 25년간 유다를 통치(統治)한 왕. (왕상 22:42)

11. 히스기야의 현손(玄孫)으로 요시아왕 때의 선지자(先知者). (습 1:1)

13. 아브라함의 조카인 브두엘의 딸. (창 22:20-23)

14. 라멕의 아들로 하나님과 동행(同行)한 사람. (창 6:9)

세 로 열 쇠

2. 예수의 불과 성령(聖靈)의 세례(洗禮)와 비교(比較)되는 요한의 세례.

3. 신(神)이나 절대적(絶對的) 존재(存在)에게 바라는 바가 이루어지기를 빎.

4. 하나님을 원망(怨望)하는 이스라엘 백성(百姓)을 물게 한 것. (민 21:6)

6. 포로(捕虜) 귀환(歸還) 후 성전(聖殿)을 중수(重修)한 살룸의 아버지. (느 3:12)

8. 여호야김 왕의 아들로 고니야, 여고냐, 여호야긴으로도 불림. (대상 3:16)

9. 예수 당시(當時)의 팔레스타인의 한 지역(地域). (눅 17:11-19)

10. 예루살렘에 살던 성도(聖徒)로, 흉년(凶年)이 들 것을 예언(豫言)함. (행 11:27,28)

12. 니므롯이 시날 평지(平地)에 세운 성읍(城邑). (창 10:10)

스물여섯 번째

1		■	2	■	3	
	■	4		■		■
5			■	6		
■	■	7			■	■
8	9	■	■	10		11
■	12		13	■	■	
14		■	15			

가 로 열 쇠

1. 여분네의 아들로, 열두 명의 정탐(偵探)꾼 중 한 명. (민 13:6)

3. 스바 여왕의 일행. (왕상 10:1,2)
 · 야곱의 일가(一家). (창 46:5,6)
 · 큰 상단(商團).

4. 조용하고 은밀(隱密)한 기도(祈禱) 장소(場所). (마 6:6)

5. 엘리사가 이것으로 놀림을 당함. (왕하 2:23)

6. 사울과 그의 아들들이 전사(戰死)한 곳. (삼하 31:8)

7. 하나님의 뜻을 대행(代行)하는 도구(道具)로 사용(使用)된 강대국(强大國). (사 7:17-20)

8. ○○하신 자로서 너희를 위하여 가난하게 되심은--. (고후 8:9)

10. 아브라함과 하갈의 손자(孫子)이며, 이스마엘의 셋째 아들. (창 25:13)

12. 예수의 제자(弟子)인 베드로의 동생.

14. 삼손이 이곳 여인과 혼인(婚姻)함. (삿 14:1,15)

15. 에시온게벨과 에돔 국경(國境)을 지나는 중 진(陳)을 친 곳. (민 33:34,35)

세 로 열 쇠

1. 아담의 이것으로 하와를 만드심. (창 2:21,22)

2. 아기 예수는 이것이 없어서 마구간에서 나심.

3. 한 나라나 한 집안의 중심(中心)이 되는 중요(重要)한 사람을 비유(比喩)하는 말.

4. 블레셋의 거인 장수(長帥). (삼상 17:50)

6. 사사(士師) 입다의 아버지. (삿 11:1,2)

9. 예수의 부활(復活) 소식(消息)을 제자(弟子)들에게 전한 여인. (눅 24:10)

11. 사무엘의 아버지. (삼상 1:1)

13. 라반의 딸이고 라헬의 언니. (창 29:16)

스물일곱 번째

가 로 열 쇠

1. 이곳 교회(教會) 성도(聖徒)들이 충성(忠誠)함으로 칭찬(稱讚)을 받음. (계 3:7-13)

4. 어떤 일을 뒤탈이 없도록 마무리함을 비유(比喩)하여 이르는 말.

5. 야곱과 레아의 장자(長子). (창 29:35)

7. 권고(勸告)하고 용기(勇氣)를 주는 위로자(慰勞者), 대언자(對言者).

8. 열두 정탐(偵探)꾼 중 단 지파(支派)의 대표(代表). (민 13:12)

10. 어떤 일이 생기기 전에 먼저.

11. 예루살렘 성전(聖殿) 양문 곁에 있는 연못. (요 5:2)

13. 바로의 꿈에 나타난, 풍년(豊年)을 암시(暗示)하는 동물(動物). (창 41:2,3)

15. 많은 사람이 한마음과 한뜻으로 한데 뭉침.

세 로 열 쇠

1. 욥을 위로(慰勞)하기 위해 온 친구(親舊) 중 하나. (욥 2:11)

2. 이곳의 유대인들이 스룹바벨과 함께 이스라엘로 돌아옴. (스 2:59)

3. 갑스엘로도 불린 유다 남부의 성읍(城邑). (느 11:25)

6. 롯의 아들로 암몬 족속(族屬)의 조상(祖上). (창 19:38)

7. 애굽의 온 지방(地方)의 제사장(祭司長). (창 41:45-50)

9. 아론과 모세의 동생. (민 26:59)

12. 르우벤 자손 엘리압의 아들. (민 26:7) 땅이 갈라져 죽음. (신 11:6)

14. 세례(洗禮)요한의 잘린 머리를 놓는 데 쓰임. (마 14:8)

스물여덟 번째

1			2	■	3	4
	■	■	5	6	■	
	■	7	■	8	9	
10	11			■		■
■		■	■	12		■
13		■	14	■	15	16
■	17			■	■	

가 로 열 쇠

1. 우리가 메시아를 만났다 하고 메시아는 번역(飜譯)하면 ○○○○라. (요 1:41)

3. 어떤 사물(事物)이나 현상(現想)을 그와 비슷한 것에 빗대어 표현(表現)함.

5. 구약시대(舊約時代) 안식일(安息日)의 변형(變形).

8. 전투(戰鬪)에 쓰이는 기구(器具)를 보관(保管)하는 창고(倉庫). (느 3:19)

10. 야고보와 형제 요한이니 이 둘에게는 ○○○○ 곧 우레의 아들이란--. (막 3:17)

12. 사라와 리브가, 나오미와 룻의 관계(關係).

13. 하몰의 아들인 세겜에게 치욕(恥辱)을 당한 야곱의 딸. (창 30:21)

15. 목소리나 악기(樂器)를 통하여 사상(思想) 또는 감정(感情)을 나타내는 예술(藝術).

17. 헤브론의 아들. (대상 2:43)

세 로 열 쇠

1. 바울에게 세례(洗禮)를 받은 고린도의 유대인 회당장(會堂長). (행 18:8)

2. 피하거나 쫓기어 달아남.

4. 설교(說敎)를 듣다가 졸아서 3층에서 떨어져 죽음. 바울이 살림. (행 20:7-12)

6. 삯을 받고 남의 일을 하는 사람.

7. 어떤 곳의 맞은편.

9. 왕(王), 제사장(祭司長), 선지자(先知者) 등을 세울 때 하는 의식(儀式).

11. 사울의 아들로 길보아 전투(戰鬪)에서 블레셋에 의해 죽음. (대상 8:33)

14. 죄악(罪惡)이 관영(貫盈)한 시대(時代)에 방주(方舟)를 짓도록 명령(命令)을 받은 자. (창 6:1-22)

16. 애굽 왕 바로를 상징(象徵)하는 동물(動物). (겔 29:3)

스물아홉 번째

1	2			3	■	4
■		■	■	5	6	
■	7	8	■	■		■
9	■		■	10		11
12	13		■		■	
■		■	14	■	15	
■	16				■	

가 로 열 쇠

1. 아덴 사람들이 재판(裁判)이나 회의(會議)를 주로 하던 언덕. (행 17:19)

5. 대제사장(大祭司長)의 흉패(胸牌)에 붙이는 것. (출 28:19)

7. ○○한 자는 복(福)이 있나니 저희가 땅을 기업(基業)으로 받을 --. (마 5:5)

10. 안디옥 교회(敎會)에서 사역(事役)한 바울의 동역자(同役者). (행 11:22-24)

12. 갈렙의 손자(孫子). (대상 2:48,49)

15. 거룩한 길 (잠 16:17), 구원(救援)의 길 (사 35:8) 등을 상징(象徵)함.

16. '말씀하시되', '가로되'의 높임말.

세 로 열 쇠

2. 바울이 탄 배가 정박(碇泊)한 이달리야 반도 남서쪽 항구(港口). (행 28:13)

3. 전적(全的)인 헌신(獻身)에 대한 비유(比喩). (마 19:12)

4. 친구(親舊) 사이의 정(情).
다윗과 요나단의 ○○.

6. 예수를 섬기던 여인. (눅 8:2,3)

8. 바울과 함께 투옥(投獄)되었던 친척(親戚). (롬 16:7)

9. 정탐꾼 중 갓 지파 사람 그우엘의 아버지. (민 13:1-15)

10. 도피성(逃避性) 게데스에 사는 아비노암의 아들. (삿 4:1-24)

11. 열두 제자(弟子)로 본 이름은 나다나엘임. (요 1:45,46)

13. 다윗을 도운 사울과 동족(同族)인 전사(戰士). (대상 12:3)

14. 고맙게 여김. 또는 그런 마음.

서른 번째

1	2		3	■	4	
■		■	5			■
6		■	■	■	7	
	■	■	8	9		■
	■	10	■		■	■
11	12		■	13		14
■		■	15		■	

가 로 열 쇠

1. 예수께서 고쳐주신 거지 시각장애인(視覺障礙人). (막 10:46-52)

4. 50 세겔에 해당(該當)하는 중량(重量)의 단위(單位). (왕상 10:17)

5. 예수께서 타신 나귀를 가져온 곳. (눅 19:29-35)

6. 이삭의 아들로 사냥꾼. 에돔 족속(族屬)의 조상(祖上). (렘 49:7)

7. 시므온 자손(子孫)의 성읍(城邑). (대상 4:32)

8. 예레미야를 반박(反駁)한 거짓 선지자(先知者). (렘 28:1-17)

11. 멸망(滅亡)이나 심판(審判)이 가까이 옴.

13. 조개껍데기나 연체동물(軟體動物)에서 채집(採集)되는 향의 일종(一種). (출 30:34)

15. 포로(捕虜) 귀환(歸還) 후 이방인(異邦人) 아내와 이혼(離婚)한 바니 자손(子孫). (스 10:34)

세 로 열 쇠

2. 교회(敎會)를 감독(監督)할 장로(長老)를 임명할 것을 권하는 바울의 편지.

3. 보아스와 룻의 아들. (룻 4:17-22)
· 다윗의 조부(祖父).

4. 바울의 환상(幻想)에 나타난 사람의 도시(都市). (행 16:9)

6. 열두 지파(支派)의 하나로, 후에는 이스라엘을 가리키는 말이 됨. (수 16:4,10)

9. 참 이스라엘 사람, 간사(奸詐)한 것이 없다고 칭찬(稱讚)받은 사람. (요 1:45-51)

10. 유다 자손으로 그일라의 아버지. (대상 4:19)

12. 환영(歡迎), 축하(祝賀), 기쁨, 찬성(贊成)의 표시(表示)로 손뼉을 두드리거나 침.

14. 뒤이어 오는 때나 자리.

서른한 번째

가 로 열 쇠

3. 전쟁(戰爭)할 때 쓰이는 기구(器具)를 통틀어 이른 말.

5. 예수께 딸의 치유(治癒)를 간청(懇請)한 여인의 고향(故鄕). (막 7:26)

8. 다시스에서 수입(輸入)함. (왕상 10:22)
 · 전형적(典型的)인 사치품(奢侈品).
 (암 3:15)

9. 게으른 자여 ○○에게 가서 배우라.
 (잠 6:6)

10. 천사(天使)의 말에 불순종(不順從)하여 소금기둥이 된 사람. (창 19:26)

12. 부정(不淨)한 새. (레 11:9)
 · 잣나무를 둥지로 씀. (시 104:17)

14. 소리를 내지 못하도록 입에 물리는 물건(物件). (시 39:1)

16. 좋은 운수(運數).

17. 로마의 가장 작은 화폐(貨幣) 단위(單位).
 (막 12:42)

18. 불의(不義)로 치부(致富)한 자를 비유(比喩)하는 새. (렘 17:11)

세 로 열 쇠

1. 군사(軍士)를 거느리고 지휘(指揮)하는 우두머리.

2. 이사야가 조롱(嘲弄)한 바벨론의 신.
 (사 46:1)

4. 이스라엘이 이곳을 진멸(殄滅)함.
 (삿 20:1-20)

6. 호세아가 고멜에게서 낳은 둘째 아들.
 (호 1:8,9)

7. 함의 아들인 구스의 아들로 특이(特異)한 사냥꾼. (창 10:6-12)

8. 아내의 죽임을 당함.

9. 다른 종교(宗敎)로 바꾸어 믿는 사람.

11. 아벨. 노아. 아리마대 요셉.

13. 옷을 매만져서 입고 난 뒤의 모양새.

15. 베레스의 아들인 헤스론의 셋째 아들.
 (대상 2:18, 42)

서른두 번째

1			2	■	3	4
	■	■	5	6	■	
7	8		■	9	10	
■		■	11	■		■
12		■	13	14		■
	■	15	■		■	16
17			■	18		■

가 로 열 쇠

1. 아하수에로 왕의 총리대신(總理大臣)인 하만의 아버지. (에 3:1)

3. 시체(屍體)를 묘지(墓地)까지 실어 나르는 용구(用具).

5. 보증(保證)으로 잡혀간 포로(捕虜). (왕하 14:14)

7. 북 왕국(王國) 이스라엘의 선지자(先知者)로, 엘리사의 스승. (왕상 17:1)

9. 다니엘이 여기에 던져짐. (단 6:16-24)

12. 베드로의 아들, 혹은 사도. (벧전 5:13)

13. 돈이나 재물(財物) 따위를 쓰는 데 지나치게 인색(吝嗇)한 자. (마 6:24)

16. 남의 인격(人格)을 무시(無視)하는 모욕적(侮辱的)인 말.

17. 마리아라는 여인의 출생지(出生地). (마 27:57)

18. 두로가 열방(列邦)과 ○○을 행함. (사 23:17)

세 로 열 쇠

1. 시므온 자손(子孫)인 미스마의 아들. (대상 4:26)

2. 벧엘로 올라간 사울이 세 사람을 만난 곳. (삼상 10:3)

4. ○○도 ○이 있고 새도 거처가 있으되 인자(人子)는 머리 둘 곳이 없음. (마 8:20)

6. 여분네의 아들인 갈렙의 아들. (대상 2:46)

8. 막벨라 굴에 장사(葬事) 된 이삭의 아내. (창 49:31)

10. 감금(監禁)하기 위해, 보존(保存)하기 위해, 피신(避身)하기 위해 사용(使用)함.

11. 몹시 애를 타게 바라고 구함.

12. 종국(終局), 말세(末世), 심판(審判)의 날.

14. ○○○ 품은 자들아! 마음을 성결(聖潔)케 하라. (약 4:8)

15. 국민(國民)이 주권(主權)을 가지고 거주(居住)하는 일정(一定)한 영토(領土)나 그것들의 총체(總體).

서른세 번째

1			2		3	
			4			
		5				
6	7				8	9
	10	11				
12					13	
14				15		

가 로 열 쇠

1. 맹세(盟誓)의 우물. 야곱의 출생지(出生地). (창 28:10)

3. 남에게 돈을 빌려 쓴 대가(代價)로 치르는 일정한 비율(比率)의 돈.

4. 바울에게 변명(辨明)의 기회를 준 유대 총독(總督). (행 24:3)

5. 혼자서만 1년에 한 번 지성소(至聖所)에 들어간 사람. (레 16:17)

6. 예수님의 전도(傳道) 명령(命令).
(마 9:13)

8. 번화(繁華)한 거리.

10. 헤롯이 세운 도시(都市)로 빌립이 거주(居住)한 곳. (행 8:40)

13. 단백석(蛋白石)과 옥수(玉髓), 석영(石英)이 섞인 보석(寶石)의 일종. (욥 28:16)

14. 은(銀)으로 만든 종.

15. 초대교회(初代交會)의 선지자(先知者)로 바울의 동역자(同役者)가 됨. (행 15:22,36)

세 로 열 쇠

1. 바울의 동역자로 고린도 교회(敎會)에 문안(問安)한 사람. (고전 16:19)

2. 유브라데 강 유역(流域)으로 이스라엘의 유배지(流配地). (행 7:43)

3. 히스기야 왕 때 성전(聖殿)의 각종(各種) 보물(寶物)을 관리(管理)한 레위인.
(대하 31:13)

7. '헛된'이란 뜻으로 바보, 어리석음을 뜻하는 욕(辱). (마 5:21,22)

9. 바울이 2년 동안 복음(福音)을 전한 에베소의 성읍(城邑). (행 19:9)

11. 아합왕의 아내로 바알을 숭배(崇拜)함.
(왕상 16:31)

12. 유다 남부(南部)의 성읍(城邑).
(수 15:30)

13. 나오미가 자신(自身)에게 붙인 호칭(呼稱). (룻 1:20)

서른네 번째

가 로 열 쇠

1. 빌립이 분봉(分封) 왕으로 있던 요단강 동쪽 지방(地方). (눅 3:1)

4. 바로의 신하(臣下) 보디발의 직책(職責). (창 39:1)

7. 미디안 사람으로부터 요셉을 산 사람. (창 37:36)

9. 예수의 탄생(誕生)을 알린 천사장(天使長). (눅 1:26-28)

11. 십볼의 아들이며, 유다의 왕. (민 22:1-4)

12. 고멜의 아들이며 야벳의 손자(孫子). (대상 1:6)

13. 아기자기하고 행복(幸福)한 생활(生活)을 비유적(比喩的)으로 이르는 말.

14. 헬라어의 '그리스도'와 같은 히브리어. 기름 부음을 받은 자.

16. 병(病)이나 상처(傷處)를 잘 다스려 낫게 함.

17. 풍향(風向)을 맞추어 항해(航海)하는 데 사용(使用)됨. (행 27:40)

세 로 열 쇠

1. 바울이 문안(問安)한 로마의 여자 성도(聖徒). (롬 16:12)

2. 여호와 ○○. 여호와는 나의 깃발. (출 17:15)

3. 다윗의 용사(勇士)인 엘르아살의 아버지. (삼하 23:9)

5. 나뭇가지의 맨 끝에 있는 가지.

6. 늙은 종.

8. 기름을 바른 아론의 ○○○. (출 29:20)
· 포로(捕虜)의 ○○○을 절단(切斷)함. (삿 1:6,7)

10. 까마귀가 먹을 것을 물어다 준 선지자(先知者). (왕상 17:4-7)

11. 에서의 ○○○를 잡고 태어난 야곱.

15. 사람의 됨됨이를 알아보기 위해 떠봄. (약 1:12)

서른다섯 번째

가 로 열 쇠

1. 에녹의 아들이며 라멕의 아버지.
   가장 장수(長壽)한 사람. 969세.

4. 갈멜산 북방의 항구(港口) 도시로 아셀 지파의 기업(基業)이 됨. (삿 1:31)

6. 유다 지파 삽디의 아들이며, 범죄자(犯罪者) 아간의 아버지. (수 7:1,18)

8. 그의 치욕(恥辱)을 오라비 시므온과 레위가 복수함. (창 25-31)

9. 이 사람을 죽이는 데 사울(바울)이 참여(參與)함. (행 7:58,8:1)

10. 아비멜렉 다음의 사사(士師). (삿 10:1,2)

11. 아비하일의 아들로 갓 지파(支派)의 선조(先祖). (대상 5:13)

12. 이스라엘 백성(百姓)이 요단강을 건널 때 강물이 멈춘 곳. (수 3:16)

15. 도망(逃亡)하여 피함.

16. 아브라함, 모세, 기드온, 다윗, 엘리야, 스가랴 등에 나타남.

세 로 열 쇠

2. 자주 장수 루디아가 살던 소아시아 서부(西部)의 한 성읍(城邑). (행 16:14)

3. 다윗이 전리품(戰利品)을 보낸 유대 남부의 성읍. (삼상 30:29)

5. '가까이 가져오다'라는 뜻으로 제단(祭壇)에 바쳐진 성물(聖物). (막 7:11)

7. 게바 근처(近處) 유다 평원(平原) 가운데 있는 성읍. (삿 20:1)

11. 레위 사람으로 라단의 아들이며, 여히엘의 형제(兄弟). (대상 23:8)

12. 에스라가 예루살렘으로 여행(旅行)하기 위해 장막(帳幕)을 친 곳. (스 8:15,31)

13. 모세, 여호수아, 기드온 등 무리를 대표(代表)하여 이끄는 사람.

14. 남에게 도움이 되도록 이바지함.

서른여섯 번째

1		2		■	3	■
	■		■	4		5
■	■	6			■	
7			■	■	8	■
	■	■	9			■
10	11	■		■	12	
■	13			■		■

가 로 열 쇠

1. 성부(聖父), 성자(聖子), 성령(聖靈)의 세격이 하나의 실체(實體)인 하나님 안에 존재(存在)한다는 교리(敎理).

4. 로마의 군대(軍隊) 직제(職制)의 하나로 국정(國政)에도 참여(參與)함. (대상 13:1)

6. 교리(敎理)를 가르치는 사람. 가말리엘.

7. 교회(敎會)에서 여러 직책(職責)을 가진 사람들의 회의(會議).

9. 세례요한과 예수를 적대시(敵對視)한 갈릴리 분봉왕(分封王). (막 6:14)

10. 예수께서 베드로 ○○의 열병(熱病)을 고쳐주심. (마 18:14)

12. 예루살렘에서 다윗이 낳은 아들 중 하나. (삼하 5:15)

13. 예수님이 십자가(十字架)에 못에 박혀 죽은 요일(曜日). 성 ○○○.

세 로 열 쇠

1. 나실인, 사사(士師), 들릴라, 3천 명.

2. 에베소, 서머나, 버가모, 두아디라, 사데, 빌라델비아, 라오디게아.

3. 베냐민 지파(支派)의 족장(族長)으로, 가나안 정탐(偵探)꾼 발디의 아버지. (민 13:9)

4. 여호와와 인간의 중개자(仲介者) 역할(役割)을 하는 사자(使者).

5. 국무(國務)를 맡아보는 각부(各部)의 가장 높은 직위(職位)에 있는 사람.

7. 유대교의 성전(聖殿)에서 종교(宗敎)상의 의식(儀式)이나 전례(典禮)를 맡아보던 우두머리.

8. 유대인의 도피처(逃避處)가 된 애굽 동북부의 성읍. (렘 2:16)

9. ○○○을 기억(記憶)하여 거룩히 지키라.

11. 성금(誠金)이나 기부금(寄附金) 따위를 모으는 행위(行爲).

서른일곱 번째

가 로 열 쇠

1. 예수를 메시아로 인정(認定)하여 이르는 이름.

4. 예수를 좇아 섬긴 갈릴리 여인으로, 예수의 운명(殞命)을 지켜봄. (막 15:40,41)

6. 이스라엘 백성(百姓)들이 이곳으로부터 돌아오게 될 것. (사 49:7-12)

7. 애굽에 내린 여섯 번째 재앙(災殃).
   (출 9:8-11)

8. 그레데 남쪽의 해안 도시(都市). (행 27:8)

10. 에서의 자손이며, 엘리바스의 아들.
   (창 36:11,15)

11. 이스라엘 백성(百姓)이 진을 쳤던 요단 동편(東偏)의 한 성읍(城邑). (민 33:45)

12. 에서의 자손으로 에돔의 열한 족장 중 두 번째 족장(族長). (창 36:40)

13. 베냐민의 증손자(曾孫者). (대상 7:6,10)

세 로 열 쇠

1. '평화(平和)의 터'라는 뜻으로 팔레스타인의 중요(重要)한 도시(都市).
   이스라엘의 정치적(政治的) 수도(首都).

2. 로마에 살던 그리스도인. (딤후 4:21)

3. 노아의 증손(曾孫), 야벳의 손자(孫子), 야완의 아들. (창 10:4, 대상 1:7)

5. 귀찮은 존재(存在). (전 12:5)
   니느웨의 멸망(滅亡). (나 3:15,17)

6. 가나안 북쪽 경계(境界) 지방(地方).
   (겔 47:16)

7. 계속(繼續)된 일이나 현상(現想)의 맨 끝.

9. 아셀 지파의 족장으로 슬로미의 아들.
   (민 34:27)

10. 아사왕 시대(時代)의 선지자(先知者) 아사랴의 아버지. (대하 15:1)

11. 앗수르 왕 사르곤이 정복(征服)한 성읍.
   (사 37:13)

서른여덟 번째

가 로 열 쇠

1. 그리스도의 재림(再臨), 열매 없는 신앙(信仰), 최후(最後)의 심판(審判) 등을 상징(象徵)함.

5. 정도(程度)를 넘지 않도록 조절(調節)하거나 제어(制御)함.

7. 예수께서 다시 사신 날로부터 일주일(一週日) 또는 50일 동안.

8. 학식(學識)과 능력(能力), 재주 따위를 갖춘 뛰어난 사람.

10. 예수께서 알려주신 기도(祈禱)의 모범(模範).

12. 무엇이 이뤄지거나, 또는 어떤 일을 하는 데 방해(妨害)가 되는 물건(物件).

14. 조물주(造物主)에 의하여 만들어진, 우주(宇宙)의 삼라만상(森羅萬象) 모든 것.

세 로 열 쇠

1. 출애굽을 감사(感謝) · 기념(紀念)하는 절기(節氣)로 무교병(無酵餠)을 먹음.

2. 남편(男便)이 죽어 혼자 사는 여인.

3. 그 존재(存在)와 섭리(攝理)가 있지 않은 곳이 없이 어디에나 다 있음.

4. 하만의 궤계(詭計)로부터 구조(救助)된 날을 기념(紀念)하는 유대인의 축제(祝祭).

6. 아사셀 염소를 고를 때, 땅을 분배(分配)할 때, 교회(敎會)의 지도자(指導者)를 충원(充員)할 때.

8. 사람과 사람 사이의 연분(緣分), 또는 사람.

9. 이성(異性)에게 사랑을 구함.

10. 어떤 대상(對象)에 대한 소유권(所有權)을 가진 사람.

11. 어떤 일이나 상황(狀況)에 대하여 직접 하거나 부딪치기를 꺼리고 피함.

12. 범죄(犯罪) 행위(行爲)로 부당(不當)하게 취득한 타인 소유(所有)의 물건(物件).

13. 돈이나 물건(物件)을 가지고 싶어 하는 마음.

서른아홉 번째

1		2	■	3	■	4
	■	5	6		7	
■	8	■		■		■
9				■	10	11
	■	■	■	12	■	
13	14		■	15	16	
■		■	17	■		■

가 로 열 쇠

1. 삭개오가 살던 곳. (눅 19:1-10)

5. 예수의 재림(再臨), 천국(天國)의 도래(到來), 로마제국의 멸망(滅亡) 등이 기록(記錄)된 책.

9. 유대 공회(公會)의 회원(會員)이며 율법(律法) 교사(教師). (행 5:34)

· 바울의 선생(先生). (행 22:3)

10. 아나가 발견(發見)함. (창 36:24)

13. 비시디아와 수리아 두 곳에 있음.
(행 13:14, 6:5)

15. 장로교(長老教) 등에서, 그 교회(教會)의 목사(牧師)와 장로(長老)들 모임의 대표자(代表者).

17. 예수께서 기도(祈禱)하실 때 흘리심.
(눅 22:44)

세 로 열 쇠

1. 세바와 살문나를 죽이기 두려워한 기드온의 장자(長子). (삿 8:20,21)

2. 잠잠하고 고요한 상태(狀態).

3. 여호와가 모세에게 계시(啓示)한 열 가지 계명(誡命).

4. 어떤 사실(事實)을 뒤에 남기려고 적음. 또는 그런 글.

6. 므낫세 지파의 지도자(指導者)인 에봇의 아들. (민 34:23)

7. 아기 예수를 찬미(讚美)한 의롭고 경건(敬虔)한 자. (눅 2:25-35)

8. 유다의 며느리로 베레스와 세라의 어머니. (창 38:6-30)

9. 아브라함에게 약속(約束)된 땅. (창 12:5)

11. 미가엘을 지칭(指稱)함. (유 9)

12. 유대인들의 사회적(社會的)·종교적(宗教的)인 모임 장소(場所).

14. 구제(救濟)와 선교(宣教)를 위해 임명(任命)된 일곱 집사(執事) 중 하나.

16. 가던 길에서 돌아섬.
죄나 잘못을 뉘우치고 마음을 고쳐먹음.

마흔 번째

■	1	2		3	■	■
4	■		■	5		6
7			■		■	
	■	■	8		■	
	■	9		■	10	
11	12	■	13	14	■	■
■	15		■	16		

가 로 열 쇠

1. 호세아라고도 부르며, 그와 가족(家族)이 가나안 땅에 들어감.

5. 엘리멜렉의 미망인(未亡人). 며느리의 재가(再嫁)를 위해 애를 씀. (룻 1:1-3)

7. 르호보암이 요새화(要塞化)한 곳. (대하 11:6)

8. 라멕의 아들. 950세에 죽음.

9. 물체(物體) 따위가 흔들려서 움직임.

10. 길르앗 사람 바실래의 아들로 다윗을 도움. (삼하 19:37)

11. 선지자(先知者) 호세아의 아내. (호 1:2,3)

13. 부모(父母)가 낳은 아이를, 그 부모에 상대(相對)하여 이르는 말.

15. 어떤 것을 이루기 위해 가장 먼저, 또는 꼭 있어야 하는 것.

16. 다니엘의 친구(親舊)인 하나냐의 바벨론 이름. (단 1:7)

세 로 열 쇠

2. 베가 왕을 반역(反逆)한 이스라엘의 마지막 왕. (왕하 15;30)

3. 바울을 총독(總督) 벨릭스에게 고소(告訴)한 대제사장(大祭司長). (행 23:1-5)

4. 바울의 친척(親戚)으로 로마에 살던 성도(聖徒). (롬 16:7)

6. 따스한 기운이 있는 듯함. 태도(態度)나 행동(行動)이 소극적(消極的)임.

8. 육체(肉體)나 정신적(精神的) 힘을 제공(提供)한 대가(代價)로 생활(生活)을 유지(維持)하는 사람.

12. 예수의 조상(祖上)으로 요셉의 4대조. (눅 3:24)

14. 아침이나 점심, 저녁과 같이, 일정(一定)한 시간(時間)에 음식(飮食)을 먹음.

마흔한 번째

1		2	■	3		
	■	4			■	■
■	■		■	5		6
7	8		■		■	
■		■	9	■	■	
10		11		■	12	
	■		■	13		■

가 로 열 쇠

1. 우주(宇宙)와 인류(人類)의 시작(始作), 죄(罪)의 기원(起源) 등이 기록(記錄)된 책(冊).

3. 베냐민의 손자(孫子)로 게바 거민(居民)의 족장(族長). (대상 8:6,7)

4. 소렉 골짜기에 살던 여인으로 삼손의 정부(情婦)가 됨. (삿 16:4-18)

5. 다니엘의 꿈에 나타난 사람의 정금(精金) 허리띠의 이름. (단 10:5)

7. 금(金), 은(銀) 등 보화(寶貨)가 풍부(豊富)한 곳. (겔 27:12)

10. 앗수르 왕 산헤립을 암살(暗殺)한 자들이 도망(逃亡)한 곳. (왕하 19:37)

12. 야빈의 군대장관(軍隊將官) 시스라를 죽여 드보라가 찬양(讚揚)한 여인.
(삿 4:17-22)

13. 욥이 자신(自身)의 ○○을 저주(詛呪)함.
(욥 3:1-11)

세 로 열 쇠

1. 성막(聖幕)에서 사용(使用)한 관유의 재료(材料). (출 30:23)

2. 유대의 저지대(低地帶)의 유다 자손(子孫)의 성읍(城邑). (수 15:1)

3. 다윗이 제단(祭壇) 쌓을 장소(場所)로 이 사람의 타작마당을 삼. (삼하 24:16)

6. 유대인들을 이끌고 바벨론에서 귀환(歸還)한 스룹바벨의 아버지. (스 3:8)

8. 야엘에 의해 죽임을 당한 가나안의 군대장관(軍隊將官). (삿 4:2)

9. 이스라엘에게 정복(征服)당한 옥 왕이 다스리는 나라. (신 29:7)

10. 이스라엘 왕 오므리의 아들로 이세벨과 혼인(婚姻)함. (왕상 16:31)

11. 다윗의 형이며, 이새의 다섯째 아들.
(대상 2:14)

12. 다윗의 용사(勇士) 엘하난의 아버지.
(대상 20:5, 삼하 21:19)

마흔두 번째

1		2		■	3	4
	■		■	■	■	
	■	5		6	■	
■	7		■	8		
9	■	■	10		■	■
11	12	■		■	13	
■	14					■

가 로 열 쇠

1. '소녀(少女)야 내가 네게 이르노니 일어나라'라는 뜻의 아람어.

3. 고요하고 평안(平安)함.

5. 사마리아에 정착(定着)한 굿 사람이 섬긴, 바벨론 신(神) 중 하나. (왕하 17:30)

7. 로마의 최고(最高)의 신 '쥬피터'를 가리키는 헬라어. (행 14:12)

8. 헬라어 '파라클레토스'로 보혜사(保惠師). (요 14:16)

10. 잇사갈 족속(族屬)으로 도도의 손자(孫子)이고 사사(士師)인 돌라의 아버지.
(삿 10:1)

11. 다윗과 요나단이 유명(有名)함.
친구(親舊) 사이의 정(情).

13. 사람을 후린 자는 팔았든지 수하(手下)에 두었든지 반드시 죽임. (출 21:16)

14. 예수의 탄생(誕生)을 축하(祝賀)하는 특별(特別)한 예배(禮拜).

세 로 열 쇠

1. 고대(古代) 서아시아와 그리스에서 질량(質量)과 화폐(貨幣)의 단위(單位).
○○○ 비유(比喩).

2. 솔로몬 시대(時代)의 애굽 왕비(王妃).
(왕상 11:19,20)

4. 표정(表情)이나 성질(性質)이 온화(穩和)하고 부드러운 사람.

6. 유다 사람들이 포로(捕虜)로 잡혀간 곳.
(겔 1:3). 바벨론.

9. 요한과 야고보가 앉게 해 달라고 부탁(付託)한 자리. 예수님의 ○○.

10. 히브리 달력으로 마지막 달인 아달월 14, 15일에 지키는 유대의 절기(節氣).

12. 온갖 성의(誠意)를 다하려는 참되고 거짓 없는 마음.

13. 죄인(罪人)을 귀양(歸養) 보내는 일.

마흔세 번째

1	■	2	■	3	4	
5	6			■		■
■		■	■	■	7	
8		■	9			■
	■	10		■	■	11
12			■	■	13	
	■	14				■

가 로 열 쇠

3. 아므람의 아내로 아론, 모세, 미리암의 어머니. (출 6:20)

5. 이스라엘 민족(民族)의 출애굽 과정(課程)을 기록(記錄)한 책.

7. 나단의 아들로 솔로몬의 친구(親舊)이자 대신(大臣). (왕상 4:5)

8. 어린이의 마음. 또는 그런 순진(純眞)한 마음.

9. 갈릴리 고지대(高地帶)의 아래의 성읍(城邑)으로 예수가 자란 곳. (마 2:23)

10. 베냐민 지파의 성읍으로, 롯이라고도 함. (대상 8:12)

12. 권위(權威)의 표시, 마술(魔術) 도구.
아론의 싹 난 ○○○.

13. 마음에 부족(不足)함이 없이 흡족(洽足)함. 충분(充分)함.

14. 아가야의 첫 개종자(改宗者).
(고전 16:15)

세 로 열 쇠

1. 일정(一定)한 환경(環境)이나 구속(拘束) 상태(狀態)에서 빠져나감.

2. 말의 발톱.

4. 갈릴리 바다의 여러 이름 중 하나.
(눅 5:1)

6. 자기(自己) 나라를 사랑하는 마음.

8. 최초(最初)의 ○○○○는 아담임. 부활(復活)하신 예수님을 ○○○○로 착각(錯覺)함. (요 20:15)

9. 옥좌(玉座)에 향기(香氣)를 풍기게 하는 향수(香水). (아 1:12)

10. 디모데의 외조모(外祖母)로 신앙(信仰)이 좋음을 칭찬(稱讚)함. (딤후 1:5)

11. 스스로 만족(滿足)하게 여김. 또는 그 만족.

13. '이것이 무엇이냐?'

마흔네 번째

1		2		3	■	4
	■		■		■	
5		■	■	6	7	
	■	8	9	■		■
10	11	■	12	13		14
■		■	■		■	
■	15			■	16	

가 로 열 쇠

1. 예루살렘을 함락(陷落)시키고 시드기야 왕을 잡아간 바벨론 왕. (렘 39:5,6)

5. 아히암의 아버지로 다윗의 용사(勇士) 중 한 사람. (대상 11:35)

6. 암몬의 왕으로, 사울이 그를 이기고 이스라엘을 세움. (삼상 12:12)

8. 건물(建物), 성(城), 시가지(市街地) 따위가 파괴(破壞)되어 황폐(荒廢)하게 된 터.

10. 권위(權威)의 상징(象徵), 예물(禮物), 왕의 조서(詔書)를 인(印)치는 데 사용(使用)함. (에 3:12)

12. 광야(廣野)에서 이스라엘 백성(百姓)을 먹이시기 위해 보내신 새.

15. 대제사장(大祭司長) 엘리의 손자(孫子)이며, 비느하스의 아들. (삼상 14:3)

16. 둘 이상(以上)의 사물(事物)을 서로 견주어 봄.

세 로 열 쇠

1. 느부갓네살의 환관장(宦官長). (렘 39:13)

2. 바벨론 포로(捕虜)에서 돌아온 느디님 족속(族屬)의 족장(族長). (스 2:48)

3. 기드온에게 살해(殺害)된 미디안의 두 왕 중 하나. (삿 8:5)

4. 예루살렘의 옛 이름. (수 18:28)

7. 다윗이 사울을 피해 도망(逃亡)한 황무지(荒蕪地)의 산. (삼상 26:1-3)

9. 루스드라의 무리가 바울을 신격화(神格化)하여 부른 이름. (롬 16:14)

11. 환형동물(環形動物) 빈모류(鬢毛類)에 속한 동물(動物)의 통칭(統稱). (사 41:14)

13. 지저분하고 잡스러운 소문(所聞).

14. 예수 그리스도를 구세주(救世主)로 믿는 종교(宗敎).

마흔다섯 번째

가 로 열 쇠

1. 에돔 가까이에 있는 유다 남동쪽의 성읍(城邑). (수 15:22)

3. 솔로몬의 딸이며, 벤아비나답의 아내. (왕상 4:11)

5. 바울이 복음(福音)을 전파(傳播)한 로마의 한 속주(屬州). (롬 15:19)

7. 모세는 건너지 못함. 언약궤(言約櫃)를 앞세우고 건넘. 예수께서 세례(洗禮)를 받으심.

10. 골로새 교회의 지도자로, 바울과 함께 로마 감옥(監獄)에 갇힘. (몬 23)

13. 석주(石柱).

14. 흉년(凶年)이 들 것을 예언(豫言)한 예루살렘의 성도(聖徒). (행 11:17,18)

16. 예후의 예언(豫言)대로 비참(悲慘)하게 죽은 아합왕의 아내. (왕하 9:7)

세 로 열 쇠

2. 히브리 사내아이들이 던져진 곳. (출 1:22)

3. 블레셋의 신으로, 아스돗의 신전(神殿)에 있음. (삼상 5:2-7)

4. 재물(財物)이 많아 생활(生活)이 넉넉함.

6. 아야의 딸이며, 사울 왕의 첩(妾). (삼하 3:7)

8. 헤브론에서 13km 떨어진 유다의 성읍(城邑). (수 15:49)

9. 고핫 자손(子孫) 이스할의 아들로, 땅에 삼킨바 되어 죽음. (민 16:28-35)

11. 드고아 남쪽 유다 광야(廣野)에 있는 골짜기. (대하 20:26)

12. 에서와 야곱. 베레스와 세라. (창 28:27-30)

13. 율법(律法)과 계명(誡命)이 기록(記錄)됨. 언약궤(言約櫃)에 넣어 보관함. (민 10:5)

14. 최초(最初)의 목자(牧者)로 이 사람의 제물(祭物)을 열납하심. (창 4:4)

15. 농기구(農器具)의 일종으로 정원(庭園)에서 쓰던 괭이나 삽 종류(種類). (사 2:4)

마흔여섯 번째

1		2		3	■	4
	■		■	5		
6		■	■		■	
	■	7	8		■	■
■	9	■		■	10	■
11		■	12			13
■	14			■	■	

가 로 열 쇠

1. 에베소에 살던 은(銀) 세공업자(細工業者)로, 바울에게 폭행(暴行)을 가함.
(행 19:24)

5. 바룩의 아버지인 예레미야의 서기(書記). (렘 45:1)

6. 약속(約束)을 지키는 것에 대한 담보(擔保)로 상대편(相對便)에 억류(抑留)된 사람.

7. 사도(使徒)인 도마의 헬라어 이름.
(요 11:16)

11. ○○의 자식(子息)들아--. (마 3:7)

12. 예수의 족보(族譜), 탄생(誕生) 등 예수를 이스라엘의 왕으로서의 권위(權威)를 표현(表現)한 책(冊).

14. 제자(弟子)를 택하신 곳, 부활(復活) 후 나타나실 곳. (마 26:32)

세 로 열 쇠

1. 이곳의 허다한 무리가 예수를 좇음.
(마 4:25)

2. 유다의 메시아를 자처(自處)하다가 죽임을 당한 자. (행 5:36)

3. 바울의 전도(傳道)로 개종(改宗)한 로마사람 빌레몬의 종. (몬 1:10-17)

4. 사도(使徒)들을 심문(審問)한 유대인의 대제사장(大祭司長). (행 4:1-22)

8. 종이를 길게 이어서 둥글게 만 것.
예레미야가 ○○○○ 책을 만듦.
(렘 36:4,6)

9. 야곱의 다섯째 아들. (창 30:17)

10. 요단강의 주요(主要)한 동쪽 지류(支流)의 한 곳으로 이스라엘 백성(百姓)이 점령(占領)함. (민 21:24)

13. ○○은 그 이름도 부르지 말라.
(엡 5:3)
음탕(淫蕩)하고 난잡(亂雜)한 짓.

마흔일곱 번째

가 로 열 쇠

1. 보리떡 다섯 개와 물고기 두 마리로 오천 명을 먹이신 이적(異蹟) 사건(事件).

3. 품계(品階)나 신분(身分), 등급(等級) 따위의 차례(次例).

5. 부니족의 선조(先祖)인 잇사갈의 둘째 아들. (대상 7:1)

 · 부와로도 표기(表記)됨. (창 46:13)

7. 빌하에게서 난 야곱의 일곱 번째 아들. (창 30:7,8)

8. 베냐민 사람 엘바알의 아들. (대상 8:17)

9. 다윗의 용사(勇士) 중 엘르아살의 아버지. (삼하 23:9)

11. 사단이나 적(敵)그리스도를 나타내는데 사용(使用)됨. (고후 6:15)

13. 나사로의 누이, 야고보와 요셉의 어머니, 글로바의 아내, 막달라 ○○○.

15. 배 속에 아이나 새끼를 뱀.

16. 성령(聖靈)을 속인 죄로 죽임을 당한 아나니아의 아내. (행 5:1-11)

세 로 열 쇠

1. 여러 나라 백성(百姓)을 사마리아로 이주(移住)시킨 앗수르 사람. (스 4:10)

2. 고기 잡는 일을 직업으로 삼는 사람.

4. 다윗 왕의 죽음부터 예루살렘의 멸망(滅亡)까지의 역사(歷史)를 기록(記錄)한 책들.

6. 다윗의 모사로 압살롬의 반역(反逆)에 가담(加擔)한 자. (삼하 15:12)

10. 마태의 전직(前職). 삭개오의 직업(職業).

12. 약속(約束)의 땅 가나안의 동쪽 경계(境界)에 있는 성읍. (민 34:11)

13. 알패오의 아들. 본명(本名)은 레위.

14. 다윗과 솔로몬 시대에 찬송(讚頌)을 책임(責任)진 레위인. (시 50:1-23)

마흔여덟 번째

■	1		2		■	3
4		■		■	5	
	■	■	6			■
	■	7		■	8	
9		■	■	10		■
■	■	11			■	12
13			■	14		

가 로 열 쇠

1. 하나님과 하나님께 바쳐진 것에 대한 도전(挑戰)이나 모욕적(侮辱的)인 말과 행위(行爲).

4. 예수가 나기 전에 하나님이 이스라엘 민족(民族)에게 준 구원(救援)의 약속(約束).

5. 유다 북쪽의 골짜기로 이스라엘이 회복(回復)될 때 비옥(肥沃)한 곳이 됨. (사 65:10)

6. 글룹의 후손(後孫)인 에스돈의 아들, 이르나하스의 아버지. (대상 4:12)

7. 포로(捕虜)시대 후기의 선지자. 다리오 왕 통치(統治) 시대에 예언(豫言)함. (학 1:1)

8. 바울의 로마로의 압송(押送) 시 지난 소아시아의 성읍(城邑). (행 27:7)

9. 나무를 적당(的當)한 크기로 잘라 놓거나 쪼개어 놓은 것.

10. 애굽의 산파(産婆)로 히브리인의 사내아이를 죽일 것을 명받은 사람. (출 1:15)

11. 죽은 아내를 위해 울지 않은 선지자(先知者). (겔 1:3)

13. 다메섹을 흐르는 두 강 중의 하나. (왕하 5:12)

14. 다윗을 환대(歡待)한 길르앗 사람 바실래의 고향(故鄕). (삼하 19:31)

세 로 열 쇠

1. 예수를 통해 인류(人類)에게 한 새로운 복음(福音)의 약속(約束).

2. 부림절을 지키라고 편지(便紙)한 에스더의 사촌(四寸). (에 9:20-31)

3. 죽은 사람의 살이 전부 썩고 남은 뼈.

4. 이스라엘의 행동을 인도한 것으로, 하나님의 영광(榮光)을 표현함. (출 24:16-18)

5. 다메섹의 제자(弟子)로 사울에게 가서 눈을 뜨게 해준 사람. (행 9:10-19)

10. 허모게네와 함께 바울을 버린 자. (딤후 1:15)

11. 셈의 자손 욕단의 아들. (대상 1:22)

12. 샘물 열둘과 종려나무 칠십 주가 있던 곳. (민 33:9,10)

마흔아홉 번째

1	2		3		4	5
			6	7		
8				9	10	
	11					
12				13		
		14				15
16				17		

가 로 열 쇠

1. 종을 형제(兄弟)로 받아들이라고 권면(勸勉)하는 바울의 편지(便紙).

4. 기혼강이 흐르는 지역(地域)으로 아프리카 지역(地域)임. (겔 29:10)

6. 자기(自己)나 집안에 해를 입혀 원한(怨恨)이 맺힌 사람이나 집단(集團).

8. 욕심(慾心)이 많고 미련한 사람을 비유적(比喩的)으로 이르는 말.

9. 요시야 통치(統治) 시대에 왕실의 행정부(行政府)와 레위 지파를 대표한 사람. (대하 35:9)

11. 일정한 곳에서 경계를 서며 지키는 사람.

13. 갠 족속(族屬)을 가리키며, 발람의 예언(豫言) 가운데 나타남. (민 24:21,22)

14. 루스드라에서 로마 최고(最高)의 신(神)인 쓰스라는 칭호(稱號)를 얻은 사도. (행 14:12)

16. 아구스도, 디베료, 글라우디오, 네로 등. 로마 황제(皇帝)의 칭호(稱號).

17. 포로(捕虜)에서 스룹바벨과 함께 돌아온 솔로몬 심복(心腹)의 조상(祖上). (스 2:56, 느 7:58)

세 로 열 쇠

2. 열두 지파(支派) 중 제사장(祭司長) 직분(職分)을 지녔고, 48개 성읍(城邑), 6개의 도피성(逃避性)이 할당(割當)된 지파.

3. 하고자 하는 일을 신께 맹세(盟誓)하고 그것이 이루어지기를 기원(祈願)함.

5. 히스기야의 현손(玄孫)으로 요시아왕 때의 선지자(先知者). (습 1:1)

7. 일로 힘들이고 애를 씀.

10. 성별(聖別) 된 자.

12. 기독교에서, 존경(尊敬)·명예(名譽)·희생(犧牲)·속죄(贖罪)의 표상으로 상징되는 것.

13. 빌라도가 예수를 재판(裁判)한 곳. (요 19:13)

14. 바벨론 동남부의 제국. (대하 36:20)

15. 아스돗에 신전(神殿)이 있는 블레셋의 신. (삼상 5:2-7)

쉰 번째

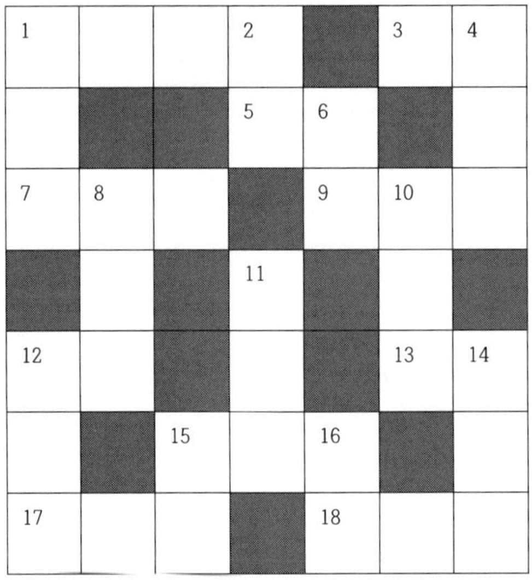

가 로 열 쇠

1. 바벨론에 포로(捕虜)로 잡혀간 다니엘에게 붙여진 이름. (단 1:7)

3. 어처구니. 맷돌의 손잡이.

5. 하나님의 신성(神性)이 나타나는 세상의 갖가지 모든 것. (롬 1:20)

7. 열두 제자(弟子)의 하나인 야고보와의 아버지. (막 3:18)

9. 자신이 좋아하는 사람이 다른 사람을 좋아하는 것을 샘내고 미워하는 마음.

12. 오랫동안 앓고 있어 고치기 어려운 병.

13. 방문(訪問)하여 찾아봄.

15. 이스라엘이 아닌 이방인(異邦人)을 총칭(總稱)하여 쓰인 말.

17. 시므온 자손 미스마의 아들. (대상 4:26)

18. 격렬(激烈)한 싸움이 벌어진 곳.

세 로 열 쇠

1. 구약성경(舊約聖經)에서 접두어(接頭語)와 결합(結合)해 악한 사람을 의미(意味)함.

2. 납달리 지파(支派)의 성읍(城邑)인 벧아벨을 훼파(毁破)한 앗수르 왕. (호 10:14)

4. 자기 자신만의 이익(利益)만을 꾀하거나 남의 이해(利害)는 돌아보지 않는 마음.

6. 자연계(自然界) 요소(要所)의 하나로, 공간 일부를 차지하고 질량(質量)을 갖는 것.

8. 사람으로서 마땅히 해야 할 도리(道理)에 어그러지고 흉악(凶惡)한 짓.

10. 자기가 좋아하는 이성(異姓)이 다른 이성과 좋아하는 것을 지나치게 싫어하는 마음.

11. 요단강에 일곱 번 씻음으로 나병(癩病)을 치료받은 사람. (왕하 5:1, 눅 4:27)

12. 맛, 냄새 따위가 비위(脾胃)에 거슬리게 나쁨.

14. 어떤 사람이 찾아간 일정(一定)한 장소(場所).

15. 겐 사람 헤벨의 아내. (삿 4:17)

16. 도덕적(道德的) 판단(判斷) 능력(能力)을 지닌 자율적(自律的) 의지(意志)의 주체(主體).

쉰한 번째

가 로 열 쇠

1. 종교적(宗敎的) · 도덕적(道德的) · 사회적(社會的) 생활에 관하여 신의 이름으로 규정(規定)한 규범(規範).

3. 연중(年中) 강수량(降水量)이 증발량(蒸發量)보다 적어 초목(草木)이 거의 자랄 수 없는 불모지(不毛地).

4. 아브라함이 브엘세바에 심은 나무로 (창 21:33), 사울이 이 나무 아래 장사(葬事) 됨.

5. 말론의 아내이며 룻의 동서(同壻). (룻 1:4)

6. 실로의 제사장(祭司長)으로 홉니와 비느하스의 아버지. (삼상 1:3)

8. 바울의 전도(傳道)로 그리스도인이 된 아덴 출신(出身)의 여인. (행 17:33,34)

11. 텅비고 아득하게 너른 들.

12. 예수님의 십자가 상의 말씀 중 하나.

14. 다윗에게 죽임을 당한 블레셋의 거인(巨人) 장수(長帥). (삼상 17:50)

세 로 열 쇠

1. 총독(總督) 베스도의 명으로 바울을 로마까지 호송(護送)한 백부장. (행 27:1,3)

2. 레아의 종 실바와 야곱 사이에 난 둘째 아들. (창 30:12)

3. '하나님의 이름'. 사울과 다윗에게 기름을 부은 선지자(先知者). (삼상 10:1)

4. 그에게 이르시되 'ㅇㅇㅇ' 하시니 이는 '열리라'는 뜻이라. (막 7:34)

7. 이곳 사람들이 오순절 때 예루살렘에 옴. (행 2:1-10)

9. 베다니에 있는 나사로의 동생이고 마리아의 언니. (눅 10:40)

10. 바울이 죄인의 몸으로도 가고 싶어 한 곳. (행 19:21)

11. 사울이 이것에 담겨 성(城)에서 탈출(脫出)함. (행 9:25)

12. 요셉의 직업(職業).

13. 셈의 자손(子孫)으로 아브라함의 고조부(高祖父). (눅 3:35)

쉰두 번째

가 로 열 쇠

1. 누가복음(福音)과 사도행전(使徒行傳)의 수신자(受信者). (행 1:1)

6. 귀족(貴族) 가문(家門)인 율리우스 가의 한 파의 성으로, 로마 황제(皇帝)의 칭호(稱號)로 사용(使用)됨. (눅 2:1)

8. 바울이 복음(福音)을 전한 로마의 한 속주(屬州). (롬 15:19)

9. 보석(寶石)의 한 종류(種類)로, 새 예루살렘의 기초석(基礎石)이 될 것임.
(계 21:20)

11. 나홀과 밀가의 막내아들. (창 22:22)

12. 귀신(鬼神) 들렸던 자가 예수가 자기(自己)에게 큰일을 행하신 것을 전파(傳播)한 곳. (막 5:20)

14. 선하고 의로운 공회(公會) 회원(會員) 요셉의 고향(故鄕). (요 19:38)

세 로 열 쇠

2. 단지파 아히사막의 아들로 성막(聖幕)을 짓는 데 참여(參與)함. (출 31:6)

3. 아셀지파 브리아의 손자(孫子)인 소멜의 아들. (대상 7:34)

4. 광야(廣野)에서 물을 얻은 호렙산의 반석(盤石)으로, 므리바로도 불림. (출 17:6,7)

5. 레위인의 생활비(生活費), 1년에 세 차례(次例) 성전(聖殿)에 올라가는 경비(經費)로 사용(使用)됨. (신 16:16)

7. 하갈이 낳은 아브라함의 아들.
(창 16:3,4)

10. 어떤 일에 들인 노력(努力)이나 희생(犧牲)에 대한 보상(報償)으로 받는 값.

11. 에셀의 넷째 아들이며, 헤벨과 말기엘의 아버지. (창 46:17)

12. 에서의 손자(孫子)이며, 에돔의 족장(族長). (창 36:11)

13. 바사제국의 한 부분으로 고레스, 아하수에로 등이 왕으로 있었음. (스 4:6)

쉰세 번째

가 로 열 쇠

1. 최초(最初)로 이방인(異邦人)에게 복음(福音)이 전파(傳播)된 곳이며, 그리스도인이라 처음으로 불린 곳. (행 11:20, 26)

3. 원료(原料)로 쓰인 감람나무의 기름.

5. 신약성경(新約聖經)에서 13권인 바울의 서신(書信).

6. 나무의 원줄기로부터 갈라져 나와 뻗은 줄기.

7. 예루살렘의 본래(本來) 이름으로 추정(推定)되며 아브라함을 축복(祝福)했던 멜기세덱이 거주(居住)한 지역(地域). (창 14:18)

8. 여로보암의 반역(反逆)에도 다윗에게 충성(忠誠)함. (왕상 12:20)

· 메시아를 낸 지파(支派).

10. 부활(復活)을 부인(否認)한 유대인 정파(政派)로, 예수의 죽음에 일조(一助)함.
(행 4:1, 2)

11. 품삯을 받고 임시(臨時)로 일하는 일꾼.

세 로 열 쇠

2. 바울이 옥(獄)에 갇혔을 때 기록(記錄)한 서신(書信). 엡, 빌, 골, 몬.

3. 조직(組織)의 규율(規律)과 구성원(構成員)의 행동(行動)을 감독(監督)하여 살핌.

4. 밧모섬은 사도(使徒) 요한의 ○○○였음.

5. 엘리사에게 먹을 것을 가져온 사람의 고향(故鄕). (왕하 4:42)

6. 추수꾼들에게 이르기를 ○○○는 먼저 거두어 불사르게 단으로 묶고. (마 13:30)

8. 셈 족속(族屬)의 한 파로, 히브리어를 쓰고 유대교를 믿는 민족(民族).

9. 교역자(敎役者).
경계(警戒)를 서며 지키는 사람.

쉰네 번째

1		2	■	3	■	4
■	■		■	5	6	
7				■		■
	■		■	8		9
10		■	■		■	
	■	11				■
12			■		■	13

가 로 열 쇠

1. 예수의 십자가(十字架)를 억지(抑止)로 대신(代身) 지게 된 시몬의 고향(故鄕).
   (마 27:32)
5. 함의 아들이며 시돈과 헷의 아버지.
   (창 10:6,15)
7. 팔레스타인 지방(地方)의 10개의 도시(都市)로 이루어진 곳. (마 4:25)
8. 간음(姦淫)한 자, 배교자(背敎者), 우상숭배(偶像崇拜)자들에 대한 처벌(處罰).
   (신 17:2-7)
10. 유대의 메시아를 자처(自處)하다 죽임을 당한 자. (행 5:36)
11. 예수의 시체(屍體)를 자신의 무덤에 장사(葬事) 지낸 사람의 고향. (마 27:57)
12. 창녀(娼女)의 이름으로 에스겔이 사마리아를 비유(比喩)하여 부른 이름.
   (겔 23:4)
13. 쇠나 나무 따위로 만든, 가늘고 끝이 뾰족한 물건(物件).

세 로 열 쇠

2. 에게해의 북쪽에 있는 빌립보의 항구(港口). (행 16:11)
3. 일하다가 잠시(暫時) 쉴 수 있는 짬.
4. 마음속에 품고 있는 생각이나 계획(計劃).
6. 대제사장(大祭司長)들이 이를 죽이려고 모의(謀議)함. (요 12:9-11)
7. 사도 요한의 신임(信任)을 얻었던 신자(信者). (요삼 12)
8. 바울이 머물렀던 항구. 구약성경(舊約聖經)에는 '악고'로 표현(表現)함.
   (행 21:7, 삿 1:31)
9. 입을 다물고 조용히 있음.
11. 암몬 족속(族屬) 도비야의 장인(丈人)의 아버지. (느 6:18)

쉰다섯 번째

가 로 열 쇠

1. 앗수르의 산헤립 왕의 장군(將軍). (왕하 18:17,28)

3. 예수의 십자가(十字架)를 대신(代身) 진 구레네 시몬의 아들. (막 15:21)

4. 아비멜렉이 이곳을 공격(攻擊)하던 중 맷돌에 맞아 죽음. (삿 9:50-55)

6. 뇌물(賂物)을 좋아하고 기회주의(機會主義)적인 처신(處身)을 한 유대 총독(總督). (행 24:26,27)

7. 랍비돗의 아내이며, 이스라엘의 여 사사(士師). (삿 4:4-11)

8. 앗실, 엘가나, 아비아삽의 아버지. (출 6:24)

9. 미디안의 두 왕 중, 기드온에게 살해(殺害)된 자. (삿 8:4-21)

12. 갈릴리 가나 출신(出身)의 제자(弟子). 바돌로매. (요 1:45-51)

14. 우리는 진흙이요, 주는 ○○○○이시니 --. (사 64:8)

세 로 열 쇠

2. 가나안 족속(族屬)의 수도(首都)로, 도피성(逃避性)으로 지정(指定)됨. (수 20:7)

3. 바울이 핍박(逼迫)받은 곳으로, 디모데의 고향(故鄕). (딤후 3:11)

5. 노아의 방주(方舟)가 머물렀던 곳. (창 8:4)

6. 벽(壁)에 나타난 글씨를 보고 번민(煩悶)한, 느부갓네살의 아들. (단 5:5-12)

10. 달몬, 빅단, 데레스, 스가랴, 오벳에돔 등. (대상 15:18)

11. 헤브론에서 13km 떨어진 유다의 성읍. (수 15:49)

12. 사람이나 생물(生物)이 나서 살아온 햇수.

13. 모세가 세운 칠십인(七十人) 장로(長老) 중 한 사람. (민 11:26-29)

쉰여섯 번째

가 로 열 쇠

1. 에베소의 자연(自然), 순결(純潔), 출산(出産)의 여신(女神). (행 19:35)
   다이아나로 불림.
3. 사실(事實)과 다르게 전함.
4. 레위 지파 게르손 사람 요아의 아들.
   (대하 29:12)
5. 베냐민 지파 시삭의 아들. (대상 8:24)
8. 하나님이 우리와 함께 계시다.
   (마 1:23)
11. 솔로몬 시대 이전의 뛰어난 지혜자(智慧者)로 유명(有名)한 사람. (왕상 4:31)
12. 일반(一般) 사람들이 사는 살림집.
13. 로마의 신도(信徒). (롬 16:8)

세 로 열 쇠

1. 우상(偶像)이 가득한 곳으로, 바울이 이곳 아레오바고에서 설교(說教)함.
   (행 17:15-24)
2. 그두라에게서 낳은 아브라함의 아들로, 에바의 아버지. (창 25:2,4)
3. 왕명(王命)을 거역(拒逆)해 폐한 바 된 아하수에로 왕의 아내. (에 1:9-22)
4. 요셉의 둘째 아들. (창 41:52)
6. 사울의 가축(家畜)을 기른 목자장(牧者長)으로, 다윗을 배반(背叛)함.
   (삼상 22:9,10)
7. 이것으로는 죄악(罪惡)을 씻을 수 없음.
   (렘 2:22)
9. 요단 동편(東便) 수리아 지역(地域)의 성읍(城邑). 마아갓이라 표기(表記)됨.
   (삼하 10:6-8, 신 3:14)
10. 밧세바의 아버지. (삼하 11:3)
    · 암미엘과 동일인(同一人). (대상 3:5)
11. 예수가 십자가(十字架)에 못 박힌, 예루살렘 근처(近處)의 언덕. 골고다.

쉰일곱 번째

1		2		■	3	
	■		■	■		■
■	4			5		■
6		■	■		■	7
	■	8	■	9	10	■
11	12		13	■	14	
■		■	15			■

가 로 열 쇠

1. 부르짖는 자의 샘. 삼손이 찾은 기적(奇蹟)의 샘. (삿 15:19)

3. 애굽에서 재배(栽培)된 것으로, 이스라엘 백성(百姓)이 먹고 싶어 함. (민 11:5)

4. 소아시아 동쪽의 고원 지대(高原 地帶). (행 2:9)

6. 300, 50, 30 규빗. 120년 동안 지음.

7. 유다의 장자(長者)로 '에르'라고도 불림. (창 38:1-7, 민 26:19)

9. 사람의 힘을 더하지 않은 저절로 된 그대로의 현상(現象).

11. 디모데가 목회(牧會)한 곳으로 수많은 사람이 회개(悔改)함. (행 14:1,16:1,2)

14. 어떤 주장(主張)이나 행동(行動) 따위가 사리(事理)나 실상(實狀)에 맞음.

15. 12명. 여호수아와 갈렙.

세 로 열 쇠

1. 시스라와 야반이 패배(敗北)한 장소(場所). (시 83:9,10)

2. 셀라의 후손(後孫)들이 정착(定着)한 유대의 마을. (대상 4:21,22)

3. 단 지파 사람으로 삼손의 아버지. (삿 13:6)

4. 갑옷과 투구.

5. 장차(將次) 태어날 아이의 이름으로 '탁월(卓越)함'을 이르는 말. (사 9:6)

6. 반석(磐石)을 쳐서 부스러뜨리는 ○○○ 같지 아니하냐. (렘 23:29)

8. 여호와의 제사(祭祀)를 멸시(蔑視)한 엘리의 아들이며, 비느하스의 형. (삼상 2:13-17)

10. 같은 목적(目的) 아래 한 사람의 지휘(指揮)를 받는 두 나라 이상의 군대(軍隊).

12. 괴로움과 어려움. 옥에 갇힘. 매 맞음.

13. 따뜻한 사랑과 인정(人情). 남을 돕는 따뜻한 손길.

쉰여덟 번째

가 로 열 쇠

1. 예수께서 유대인을 피해 머무셨던 마을. (요 11:54)
6. 하찮은 것. (창 14:23)
· 아주 값싼 것을 상징(象徵)함. (암 2:6)
8. 왕의 진미(眞味)를 거절(拒絶), 사자굴(獅子窟), 바벨론 총리(總理), 벨드사살.
9. 원래(元來)의 이름은 요셉으로, 유대인의 대제사장(大祭司長)을 지낸 자(者).
(눅 3:2)
11. 야곱이 베고 잔, 돌 ○○.
12. 믿고 의지(依支)함.
13. 수입(收入)이나 재산(財産)이 적어서 살림살이가 넉넉하지 못하고 어려움.
14. 빌레몬 가족(家族)의 한 사람으로, 골로새 교회(教會)에서 직책(職責)을 맡음.
(골 4:17)
15. 사물(事物)이나 생각 등이 생기는 본바탕. 그는 ○○ 하나님의 본체(本體)시나--.

세 로 열 쇠

2. 기드온이 파괴(破壞)한 성읍(城邑)으로, 북이스라엘 여로보암 1세가 재건(再建)함.
(왕상 12:25)
3. 아이나 새끼를 뱀.
4. 루스드라에서 무리가 바울을 신격화(神格化)하여 부른 헬라신의 이름. (행 14:12)
5. 예수의 동생인 유다의 기록(記錄)인 책.
7. 에료에네의 아들로, 스룹바벨 왕족(王族)의 혈통(血統)을 이은 후손(後孫).
(대상 3:23)
9. 아박사의 아들이자 살라의 아버지.
(눅 3:36)
10. 애굽 동북쪽에 있으며, 출애굽 때 이스라엘이 머문 곳. (출 14:2)
11. 바울이 방문(訪問)했던 마게도냐의 한 성읍(城邑). (행 17:10-15)
13. 드로아에 사는 자로 바울이 언급(言及)함. (딤후 4:13)

쉰아홉 번째

가 로 열 쇠

2. 르호보암이 요새화(要塞化)한 곳.
(대하 11:6)
· 선지자(先知者) 아모스의 고향(故鄕).
4. 바울의 설교(說教)를 졸면서 듣다가 3층에서 떨어져 죽은 것을 바울이 살림.
(행 20:7-9)
6. 에돔의 여섯 번째 왕 삼라의 출생지(出生地). (창 36:36)
8. 야고보와 요한의 별명(別名).
9. 지표(地表) 위의 평균(平均) 기온(氣溫)보다 높은 온도(溫度)의 물이 자연히 솟는 샘.
11. 머리에 성유(聖油) 부음을 받은 자. 곧 왕, 구세주(救世主)라는 뜻으로 '예수'를 이르는 말.
13. 다른 사람에게 받은 도움. 또는 끼친 폐(弊)나 누(累).
14. 로마 가톨릭의 교의(教義)와 제의(祭儀)에 반대(反對)하여 새로이 일어난 종교(宗教) 분파(分派).

세 로 열 쇠

1. 바울이 이곳으로 가려는 것을 예수의 영(靈)이 허락(許諾)지 않음. (행 16:7)
3. 바사의 초대 왕으로, 예루살렘 성전(聖殿)을 재건(再建)함. (사 44:28)
5. 잘못이나 책임(責任) 등을 남에게 떠넘겨 덮어씌움.
6. 바울의 환상(幻想) 중에 나타나 우리를 도우라고 한 곳. (행 16:9)
7. 바울이 탄 배가 정박(碇泊)한 이달리야 반도(半島)의 남서쪽에 있는 항구(港口).
(행 28:13)
8. 물건(物件)을 싸는 작은 보. 베드로가 환상(幻想) 중에 본 ○○○. (행 10:11)
10. 가톨릭교회의 법통(法統)을 따르고 그 교의(教義)를 신봉(信奉)하는 그리스도교의 정통교파(正統教派).
12. 배우자(配偶者)가 없는 사람.
결혼(結婚)하지 않고 사는 사람.

예순 번째

■	1	2	■	3		4
5	■	6			■	
7			■	■	■	
■	■		■	8		
9	■		■		■	■
10	11	■	12		13	■
■	14			■		

가 로 열 쇠

1. 야곱의 아내. 아들 여섯, 딸 하나. 막벨라 굴(窟)에 장사(葬事) 지냄. (창 39:19-21)

3. 여라므엘의 장자(長子)인 람의 아들. (대상 2:27)

6. 약속(約束)의 땅 가나안 동쪽 경계(境界)에 있는 성읍. (민 34:11)

7. 유대 총독(總督)으로 죄에 대하여 깨달았으나 변화(變化)하지는 않은 자. (행 24:26,27)

8. 에스라와 함께 포로(蒲盧)에서 돌아온 족장(族長) 중 한 사람. (스 1,2)

10. 대제사장(大祭司長)의 종으로 베드로에 의해 귀가 잘림. (요 18:10)

12. 다윗의 이복(異服)누이인 스루애의 아들. (대상 2:16)

14. 잇사갈 사람으로 부아의 아버지며 사사(士師) 돌라의 조부(祖父). (삿 10:24)

15. 이미 ○○가 나무뿌리에 놓였으니 좋은 열매를 맺지 아니하는--. (마 3:10)

세 로 열 쇠

2. 데살로니가에서 온 마게도냐 사람으로 바울과 함께 투옥(投獄)됨. (골 4:10)

3. 나오미가 자신(自身)에게 붙인 호칭(呼稱). (룻 1:20)

4. 유대인들을 데리고 바벨론에서 귀환(歸還)한 스룹바벨의 아버지. (스 3:8)

5. 셈 자손(子孫) 셀라의 아들. (대상 1:18,19)

8. 도르가의 다른 이름. 욥바에 살던 여제자(女弟子)로 베드로가 살려줌. (행 9:36)

9. 실질적(實質的)인 뜻을 담지 않고 그냥 해 본 말.

11. 십일조(十一條)를 ○○와 과부(寡婦)를 위해 쓰라고 함.

12. 백성(柏成)의 두목(頭目)으로 언약서(言約書)에 인(印)을 친 사람. (느 10:28)

13. 바울이 로마로 호송(護送)되던 중 들른 소아시아의 성읍. (행 27:7)

예순한 번째

■	1		2		■	3
4		■		■	5	
	■	■	6	7		■
8		■	■		■	9
■	■	■	10		■	
■	11			■	12	
13		■	14			■

가 로 열 쇠

1. 독사(毒蛇)의 자식(子息), 소경, 외식(外飾)하는 자, 뱀, 마귀의 자식(子息) 등으로 예수께서 부름.
4. 십볼의 아들이며, 모압 왕. (민 22:2,4)
5. 아무 잘못이나 죄(罪)가 없음.
6. 천(賤)한 인간(人間)을 비유(比喩)하는 말. (고후 4:7)
8. 많은 사람이 한마음 한뜻으로 뭉침.
10. 사무엘의 장자(長子). (삼상 8:1)
11. 단 지파(支派)에 주어진 성읍(城邑). (수 21:23)
12. 입다 다음으로 7년 동안 사사(士師)를 지낸 이로, 자녀(子女) 60명을 둠. (삿 12:8)
13. 둘 사이에 그 성격(性格)이나 본질(本質) 따위가 서로 일치(一致)하지 않는 정도(程度).
14. 베드로, 안드레, 빌립의 고향(故鄕). 오병이어(五餠二魚)의 현장(現場).

세 로 열 쇠

1. 아비노암의 아들로, 가나안 왕 야빈을 진멸(殄滅)함. (삿 4:6)
2. 소나 염소 따위의 동물이 한번 삼켰던 먹이를 입으로 게워 내서 다시 씹는 것.
3. 아담의 죄. 또는 그 죄로 모든 인간(人間)에게 유전(遺傳)된 죄(罪).
4. 바벨론 왕 므로닥발라단의 아버지. (왕하 20:12)
5. 대체로 생각해 보아.
7. 다윗 시대에 레위인을 관장(管掌)한 하사바의 아버지. (대상 27:17)
9. 여호와의 영광(靈光)이 6일간 머문 곳. (출 24:16)
10. 미리암, 아론, 모세의 어머니. (출 6:20)
11. 한나를 축복(祝福)한 실로의 제사장. (삼상 1:12-19)
12. 이스라엘을 원수(怨讐)들의 손에서 구원(救援)한 대표적(代表的) 인물. (삼상 12:11)

예순두 번째

가 로 열 쇠

1. 죄인(罪人)의 다리를 묶던 줄.

5. 사울과 그의 군대(軍隊)가 진(陣)을 친 곳. (삼상 14:2)

7. 유다와 베냐민 지파(支派)의 경계(境界)로, 에르노겔로도 표기됨. (수 15:7, 삼하 17:17)

8. 야곱이 밧단아람에서 돌아와 루스 곧 벧엘에 단을 쌓고 부른 이름. (창 35:6,7)

10. 옛 모압의 성읍(城邑). (민 21:30)

13. 아하시야 왕과 (왕하 9:27), 요시야 왕이 죽은 곳. (왕하 23:29)

14. 미디안 군대(軍隊)가 처음으로 기드온에게 패하여 도주(逃走)하던 길 곁에 있던 성읍(城邑). (삿 7:22)

세 로 열 쇠

2. 람 족속(族屬) 부스 사람으로, 엘리후의 아버지. (욥 22:2,6)

3. 아기자기하게 즐거운 기분(氣分)이나 느낌.

4. 시므온 지파(支派)의 족장(族長). (대상 4:37)

6. 아브라함의 형제(兄弟)인 나홀의 아들. (창 22:21)

7. 유다와 베냐민의 경계(境界)에 있는 샘물. (수 15:7, 18:17)

9. 갓 자손(子孫)이 건축(建築)한 견고(堅固)한 성읍. (민 32:34-36)

11. 예루살렘 성벽(城壁) 건축(建築)을 도운 브다야의 아버지. (느 3:25)

12. 미스라임 사람으로, 갑돌 사람으로 불림. (창 10:14, 신 2:23)

예순세 번째

	1		2		3	4
5		6		7		
				8		
	9					
10					11	
	12		13			
14			15			

가 로 열 쇠

3. 베드로가 애니아의 중풍(中風) 병을 고친 곳. (행 9:32-35)

5. 베드로전서의 수신자(受信者). (벧전 1:1)

8. 바울이 베니게로 가는 배를 갈아탄 곳. (행 21:1-3)

9. 악(惡)의 세력(勢力)이 최종적(最終的)으로 패배(敗北)하는 곳을 가리키는 상징적(象徵的) 명칭(名稱). (계 16:16)

10. 두 번째 인구조사(人口調査)의 명단(名單)에 나오는 에브라임의 아들. (민 26:35)

11. 아셀 지파 브리아의 손자인 소멜의 아들. (대상 7:34)

12. 베냐민 지파가 차지(次知)한 영토(領土)에 있는 성읍. (수 18:27)

14. 매우 흉악(凶惡)한 짓을 하는 사람을 비유하여 이르는 말.

15. 바르느고가 느부갓네살에게 패한 곳. (렘 46:2)

세 로 열 쇠

1. 여관(旅館)이나 여인숙(旅人宿)에서, 잔심부름해 주는 아이.

2. 앗디의 아들이며, 네리의 아버지로 그리스도의 조상(祖上). (눅 3:28)

4. 하나님을 원망(怨望)하다 불의 징계(懲戒)를 받은 바란 광야(廣野)의 한 장소(場所). (민 11:3, 신 9:22)

6. 곡에게 군대(軍隊)를 지원(志元)하여 이스라엘을 침략(侵略)함. (겔 38:5,6)

7. 무저갱의 사자에 대한 히브리어로(계 9:11), 멸망(滅亡)으로도 번역(飜譯)됨. (욥 28:22)

9. 예루살렘 성벽 바깥에 있는 묘지(墓地) 이름. (행 1:19)

11. 호세아가 고멜에게서 낳은 둘째 아들의 상징적(象徵的) 이름. (호 1:8,9)

13. 다윗이 전리품(戰利品)을 보낸 유대 남부의 성읍. (삼상 30:29)

예순네 번째

■	1		2	■	3	
4		■	5			■
■	■	6		■	■	7
8				■	9	
	■	■	■	10		■
11	12		13	■	14	
■		■	15			■

가 로 열 쇠

1. 주로 헬라의 후손들이 정착(定着)하여 거주(居住)한 유대인의 한 마을. (대상 4:21,22)

3. 국수를 증기(蒸氣)로 익히고 기름에 튀겨서 말린 즉석식품(卽席食品).

4. 있는 대로 모두.

5. 갓 지파의 족장(族長)이며 엘리아삽의 아버지. (민 1:14)

6. 회개(悔改)치 않는 고을의 책망(責望)에 나오는 성읍. (마 11:21)

8. 유다 지파(支派) 레가 사람인 드힌나의 아들. (대상 4:12)

9. 예수의 비유에서 사용(使用)된 유대의 화폐(貨幣) 단위. (눅 19:12-27)

10. 골리앗의 고향. (삼상 17:4)

· 하나님의 궤를 옮겨온 곳. (삼상 5:8)

11. 예루살렘 교회에서 구제(救濟)를 담당한 집사(執事) 중 한 명. (행 6:5)

14. 아주 심한 억압(抑壓)이나 압제(壓制)를 비유(比喩)하는 말. (애 3:7)

15. 기브아 사람으로 유다 왕 아비야의 외조부(外祖父). (대하 13:2)

세 로 열 쇠

1. 몸이나 마음의 아픔이나 괴로움.

2. 로마의 성도(聖徒)로 바울이 문안(問安) 인사를 보낸 사람. (롬 16:14)

3. 게르손 자손인 레위인. (민 3:24)

6. 느부갓네살이 금 신상(神像)을 세운 곳. (단 3:1)

7. 마음을 한곳에 모으고 고요히 생각하는 일.

8. 라헬이 죽음에 직면(直面)했을 때 부른 베냐민의 본래(本來) 이름. (창 35:16-18)

9. 가인의 자손으로 므후야엘의 아들. (창 4:18)

12. 아주 잘게 갈리거나 부스러진 마른 것.

13. 아브라함의 고조부(高祖父). (창 11:10-21)

예순다섯 번째

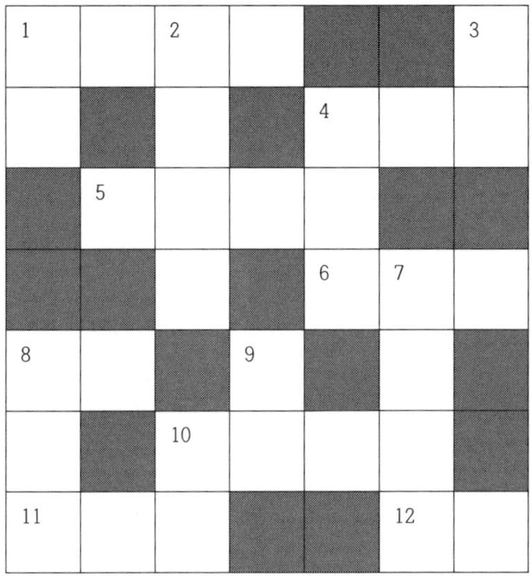

가 로 열 쇠

1. 아셀 지경에 속해 있는 성읍.
(수 19:26)

4. 유다지파 헤스론의 자손 엘르아살의 아들. (대상 2:40)

5. 이르세메스라고도 불리운 유다와 단의 경계의 성읍. (수 19:41)

6. 노아의 후손(後孫)으로 구스의 아들. (창 10:6)

8. 스룹바벨과 함께 귀환(歸還)한 느디님 사람. (느 7:49)

10. '하나님이 거부(拒否)하신다'라는 뜻의 호세아 딸의 이름. (호 1:6,8)

11. 헬라인 부친(父親)과 유대인 모친(母親)에게서 난 사람. (행 16:1,2)

12. 어떤 일이나 사태(事態)에 나름대로 태도(態度)나 행동(行動)을 취함.

세 로 열 쇠

1. 시작(始作)이나 맨 처음을 이르는 말. 나는 ○○와 오메가라. (계 1:8)

2. 살렘 왕, 부모가 없음. 아브라함에게 십일조(十一條)를 받음. (창 14:18-20)

3. 여럿이 한꺼번에 덤비어 사정(事情)없이 때리는 매.

4. 포로(捕虜) 귀환(歸還) 이후의 성전(聖殿)을 수종(隨從)하는 자들의 조상(祖上).
(스 2:53)

7. 선하고 의로운 공회(公會)의 회원(會員)인 요셉의 고향. (마 27:57)

8. 다윗이 음악(音樂)을 맡긴 자 중 헤만의 아들. (대상 25:4,29)

9. 적을 막기 위하여 튼튼히 쌓은 구축물(構築物).
지켜야 할 대상(對象).

10. 요한 마가의 어머니인 마리아의 여종.
(행 12:12-16)

예순여섯 번째

■	1		2	■	3	■
4		■	5			6
	■	■		■	■	
7	8	■	9	10	■	
■		■	■		■	
11		12	■	13	14	■
	■	15		■	16	

가 로 열 쇠

1. 유대 광야(廣野)의 성읍(城邑)으로 아골 골짜기에 위치(位置)함. (수 15:61)

4. 포로(捕虜) 귀환(歸還) 후 성전(聖殿)을 지키던 문지기. (대상 9:17)

5. 바울이 동행(同行)하여 아시아로 간 에베소의 이방인(異邦人) 그리스도인. (행 20:4)

7. 솔로몬의 딸이며 벤아비나답의 아내. (왕상 4:11)

9. 팔레스틴의 헬라풍 도시 데가볼리를 구성(構成)하고 있던 도시의 하나. (창 14:8)

11. 마아갓으로도 표기(表記)된, 요단강 수리아 지역(地域)의 성읍. (삼하 10:6-8)

13. 아브라함의 손자(孫子). (창 25:3)

15. 한 일에 대하여 돌아오는 좋은 결과(結果)나 그 일에 대한 만족감(滿足感).

16. 서로 간의 입장(立場)의 차이(差異)로 생기는 충돌(衝突)이나 알력(軋轢).

세 로 열 쇠

1. 여리고를 재건(再建)한 히엘의 막내아들. (왕상 16:34)

2. 선지자(先知者) 요나의 출생지(出生地). (왕하 14:25)

3. 이러니저러니 좋지 않게 트집을 잡아서 말함.

4. 고레스 왕의 성전 재건(再建)을 허락(許諾)한 두루마리를 발견(發見)한 곳. (스 6:2)

6. 스룹바벨과 함께 예루살렘으로 귀한 한 유대인의 우두머리. (스 2:2)

8. 밧세바의 다른 이름. (대상 3:5)

10. 예루살렘 남서쪽의 중요(重要)한 고대(古代) 성읍(城邑). (대하 11:5,9)

11. 오는 사람을 나가서 맞이함.

12. 바울이 언급(言及)한 드로아 사람. (딤후 4:13)

14. 이스라엘이 우상숭배(偶像崇拜) 하던 신당(神堂). (겔 20:29)

예순일곱 번째

1		■	■	2		3
	■	4			■	
5	6		■	■	7	
■		■	8			■
9	■	10		■	11	12
13	14	■	15		■	
■	16			■	17	

가 로 열 쇠

1. 어떤 수량(數量)이나 분량(分量)을 두 번 합한 것.
2. 다윗에게 충성(忠誠)을 다한 용사(勇士). (삼하 20:23)
4. 아론의 아들, 엘르아살의 장인. (출 6:25)
5. 선지자(先知者) 나훔을 가리킴. (나 1:1)
7. 아브라함 당시의 소돔 왕. (창 14:2)
8. 이삭이 살던 곳. (창 35:27)
10. 분하고 노여운 마음.
11. 에서의 손자(孫子)로 에돔의 족장(族長). (창 36:19)
13. 나홀과 밀가의 다섯째 아들. (창 22:22)
15. 하몰의 아들로 야곱의 딸 디나를 겁탈한 놈. (창 34:2)
16. 여호야김의 아들, 왕위(王位) 계승자(繼承者)로 여호야긴을 불림. (렘 22:24)
17. 유대 남동쪽의 성읍으로 엔게디에서 멀지 않은 곳. (대하 20:16)

세 로 열 쇠

1. 다윗의 용사인 브나야의 고향(故鄕). (삼하 23:20)
2. 요담이 형제 아비멜렉을 피하여 도망(逃亡)한 곳. (삿 9:21)
3. 포로(捕虜)에서 귀환한 제사장 마아새의 조부. (대상 9:21)
4. 나홀과 밀가의 아들. (창 22:21)
6. 자기 의견(意見)을 바꾸거나 고치지 않고 굳게 지켜서 우김.
7. 유다가 다말에게서 낳은 쌍둥이 중 맏이. (창 38:24)
8. 성경(聖經)에 모두 20명의 동명(同名)이 나옴. (대상 15:18,20)
9. 자신(自身)보다 나이나 항렬(行列), 지위(地位), 계급(階級) 등이 아래인 사람.
12. 믹마스 통로의 양쪽에 있는 2개의 바위산 중 북쪽 산. (삼상 14:4,5)
14. 다윗이 골리앗을 죽인 곳. (삼상 17:1,49)

예순여덟 번째

1		2		■	3	4
	■		■	5	■	
■	6		7		8	
9		■		■		■
■		■	■	10		■
■	11			■	12	
13		■	■	14		■

가 로 열 쇠

1. 느부갓네살의 방백(方伯)으로 예루살렘의 공격(攻擊)에 참여(參與)함. (렘 39:3)

3. 일이 일어나는 그 순간. 바로 그때.

6. 하갈이 도망(逃亡)하다가 천사(天使)를 만난 곳. (창 16:7-14)

9. 이스라엘에서 사용(使用)된 50 세겔에 해당(該當)하는 중량(重量) 단위(單位).
(왕상 10:17)

10. 뽕나무의 열매.

11. 셈의 아들로 아르박삭이라고도 함.
(창 10:22)

12. 인식(認識)과 행위(行爲)의 주체(主體)로서의 자기 자신.

13. 눈 깜짝할 사이의 매우 짧은 동안.

14. 발로 밟게 된 자동차(自動車)의 가속(加速) 장치(裝置).

세 로 열 쇠

1. 잡념(雜念)을 버리고 한 가지 대상(對象)에만 정신(精神)을 집중(集中)하는 경지(境地).

2. 어머니의 가르침을 잠언(箴言)으로 기록(記錄)한 왕. (잠 31:1)

4. 레위의 손자. (출 6:17)
· 동명(同名)이 14명이 등장(登場)함.

5. 아프리카 북동부(北東部)와 아라비아반도 사이의 좁고 긴 바다.

6. 이스라엘이 에돔의 국경(國境) 근처(近處)에 진을 친 장소(場所). (민 33:31,32)

7. 살몬의 아내이며, 보아스의 어머니.
(마 1:5)

8. 헤만의 아들로 다윗 왕 때 성막(聖幕)의 음악(音樂)을 담당(擔當)함.
(대상 25:4,31)

예순아홉 번째

가 로 열 쇠

1. 바울과 함께 있던 기독교(基督教)인 형제(兄弟)로 고린도의 회당(會堂).
   (행 18:17, 고전 1:1)
3. 말이나 동작(動作), 물건(物件) 등으로 남에게서 받은 예를 도로 갚음.
4. 암볼리아와 데살로니가 사이의 마게도냐 성읍. (행 17:1)
6. 레위의 막내아들로 야곱과 함께 애굽으로 감. (창 46:8,11)
8. 요시아 왕의 명령(命令)으로, 여 선지자(先知者) 훌다에게 율법(律法) 책(冊)을 가지고 간 사람. (왕하 22:12,14)
9. 가나안 사람이 드보라에게 패한 곳.
   (삿 5:19-22)
11. 아야의 딸이며 사울 왕의 첩(妾).
   (삼하 3:7)

세 로 열 쇠

1. 바라고 원함.
2. 팔레스타인의 10개의 도시(都市)로 된 지방(地方). (마 4:25)
3. 헤브론의 아들. (대상 2:43)
4. 아셀의 자손인 훌라의 아들.
   (대상 7:39)
5. 바울이 여행(旅行) 중 머물렀던 에피루스의 한 성읍. (딛 3:12)
6. 느디님 족속(族屬)의 시조(始祖).
   (스 2:52, 느 7:54)
7. 헤브론 산에 있는 므낫세의 계곡(溪谷).
   (수 11:3,8)
10. 깊고 너그러운 마음씨.
12. 간담(肝膽)을 서늘하게 하거나 마음을 죌 정도로 아슬아슬한 느낌.
13. 새, 물고기, 곤충(昆蟲) 따위가 종(種)을 번식(繁殖)하기 위해 낳은 것.

일흔 번째

1		2		3	■	■
	■		■	4		5
6	7	■	8		■	
■	9		■	■	10	
11		■	12		■	
	■	13		■	14	
15			■	16		■

가 로 열 쇠

1. 여호와는 나의 깃발. (출 17:15)

4. 아브라함과 사라, 이삭과 리브가, 야곱과 라헬. 부부(夫婦).

6. 원칙(原則)과 신념(信念)을 지켜 끝까지 굽히지 않는 의지나 기개.

8. 사라, 엘리사벳의 출산(出産). 나이가 많이 들어 아이를 낳음.

9. 에스더의 '죽으면 죽으리라'. 마음의 준비(準備)를 단단히 함.

10. 억울하고 원통(冤痛)한 일을 당하여 한이 응어리진 마음.

11. 다리와 발이 이어지는 관절(關節) 부위.

12. 종교적(宗敎的) 황홀(恍惚) 상태(狀態)에서 발하는 불가(不可)해한 말.

13. 강신술(降神術), 마술(魔術), 처형(處刑) 당함.

14. 제6계명의 금기(禁忌) 사항(事項).

15. 서자(庶子), 과부(寡婦)는 권한(權限)이 없음. 르우벤이 죄(罪)를 지어 장자(長子)의 ○○○이 요셉에게 감.

16. 어떤 감정(感情)이 마음에 가득 차 있음.

세 로 열 쇠

1. 미리암, 드보라, 훌다 등.

2. 병(病)으로 자리에 누움.

3. 호렙산이라고 추정(推定)하는 모세가 십계명(十誡命)을 받은 곳.

5. 예수께서 구해 주심.

7. 성막(聖幕)을 지을 때 사용됨.
(출 25:5)

11. 나무를 상(床) 모양(模樣)으로 짜, 발을 올려놓는 것. (대하 9:18)

12. 목적(目的)을 달성(達成)하기 위해 취하는 방식(方式)이나 수단(手段).

13. 마귀(魔鬼)의 세력(勢力)이 미치는 곳.

14. 납달리 지파의 성읍 벧아벨을 훼파(毁破)한 앗수르 왕. (호 10:14)

일흔한 번째

가 로 열 쇠

1. 잘 훈련(訓練)된 그리스도인으로 아굴라의 아내. (행 18:26)
4. 같은 항렬(行列)의 손위 여자 형제. 아비가일은 다윗의 ○○이다. (대상 2:16)
5. 기분(氣分)이 좋아지기 위해 게임, 노래, 춤 등을 하거나 보며 즐기는 일.
7. 풀이나 나무 따위의 줄기에서 가지나 잎이 붙은 곳.
8. 욥이 이것으로 종기(鍾氣)를 긁음. (욥 2:8)
10. 히브리인이 사용(使用)한 중량(重量)의 최소한(最小限) 단위(單位). (출 30:13)
11. 해롭게 하지 말 것, 함께 즐길 것, 돌아볼 것. (출 22:22, 신 16:11)
12. 열두 정탐꾼의 한 사람. (민 13:10)
15. 모든 유대인이 일 년에 한 번씩 내는 성전(聖殿) 세(稅). (출 30:13,14)

세 로 열 쇠

1. 유다 사람 여라므엘의 둘째 아들. (대상 2:25)
2. 자기를 가르쳐 이끌어 주는 사람.
3. 책망(責望)을 받은 일곱 교회(敎會) 중 하나. (계 1:11)
4. 예레미야를 구덩이에서 끌어낼 때 사용함. 낡은 옷.
6. 태초(太初)에 하나님이 천지(天地)를 ○○하시니라.
9. 왕명(王命)을 거역(拒逆)해 패한 아하수에로 왕의 처. (에 1:9-22)
11. '가까이 가져오다'라는 뜻으로, 제단(祭壇)에 바쳐진 성물(聖物). (막 7:11)
12. 정해진 차선(車線) 밖의 가장자리 길.
13. 다윗이 골리앗을 죽인 골짜기. (삼상 17:2)
14. 베냐민의 둘째 아들. (창 46:21)

일흔두 번째

1	2		3	■	4	■
■		■		■	5	6
7		■	8		■	
	■	■		■	9	
10		11	■	12		■
■	■	13			■	14
15			■	16		

가 로 열 쇠

1. 예수님께서 십자가(十字架) 위에서 하신 일곱 마디의 말씀.

5. 어떤 일이나 대상(對象)이 원하는 대로 되기를 바라고 기다림.

7. 수확(收穫)한 첫 이삭을 드리는 제사(祭祀). (레 2:14,15)

8. 살아갈 방도(方途)나 형편(形便).

9. 현숙(賢淑)한 여인이 짓는 아름다운 ○○. (잠 31:22)

10. 잇사갈 지파의 경계(境界)에 위치하는 성읍으로, 게르손의 레위인에게 주어짐. (수 21:28)

12. 하나님의 능력(能力)과 성경(聖經)을 오해(誤解)함. (마 22:29)

13. 예수만이, 예수를 통해서만. 오직 그 하나만 있는 성질(性質).

15. 순수(純粹)하고 깨끗함.

16. 이스라엘이 약속(約束)한 땅을 얻은 것은 그들의 ○○○ 때문이 아님. (신 9:4-6)

세 로 열 쇠

2. 끊임없이 드리는 희생(犧牲) 제사(祭祀). (민 28:3)

3. 감히 바랄 수도 없음.

4. 어떤 일이 일어나거나 바뀌게 되는 원인(原因)이나 기회(機會).

6. ○○○ 기둥. 석회암(石灰巖)이 높은 열과 강한 압력(壓力)을 받아서 변질된 돌.

7. 갑자기 쏟아지다가 곧 그치는 비. (시 65:10)

9. 어떠한 일이나 현상(現狀)을 일어나지 못하도록 막음.

11. 사람의 표정(表情)이나 성질이 온화(穩和)하고 부드러움.

12. 진실(眞實)되고 정성(精誠)스러운 뜻이 없음.

14. 말이나 힘으로 이기려고 상대방(相對方)과 다툼.

일흔세 번째

1		2	■	3		4
	■	5			■	
6	7	■	■	8		■
■		■	9		■	10
11		12	■	13	14	
	■		■	■		■
	■	15				

가 로 열 쇠

1. '하나님은 나의 심판자(審判者)'. 바벨론 총리(總理). 벨드사살.

3. 다윗의 누이인 스루야의 막내아들.
(대상 2:15,16)

5. 아야의 딸이며 사울 왕의 첩(妾).
(삼하 3:7)

6. 에서의 자손(子孫)이며 엘리바스의 아들. (창 36:11)

8. 날이 샐 무렵부터 오전(午前)의 중간(中間)쯤까지의 시간(時間).

9. 조직(組織)이나 단체(團體)를 구성(構成)하고 있는 사람.

11. 그돌 사람으로 시글락에서 다윗에게 가담(加擔)한 용사(勇士). (대상 12:7)

13. 아직 완전(完全)히 믿지는 못하지만, 가톨릭 신앙(信仰)에 관심(關心)을 가진 사람.

15. 사울 왕의 아내인 아히노암의 아버지.
(삼상 14:50)

세 로 열 쇠

1. 열두 사도(使徒)의 한 명으로, 알패오의 아들. (마 10:3)

2. ○○ ○○ 라마 사박다니.

3. 하나님이 그 아들의 영(靈)을 보내사 ○○ ○○○라 부르게--. (갈 4:6)

4. 성경(聖經)에서 '그리스'를 이르는 말.

7. 아셀의 아들인 브리아의 둘째 아들.
(창 46:17)

10. 말을 눈으로 읽을 수 있게 나타낸 기호(記號).

11. '주여 보호(保護)하소서'. 유다의 왕으로 8세에 즉위(卽位)하여 31년간 통치(統治)함. (왕하 22:1)

12. 바울이 로마로 갈 때 지난 곳.
(행 27:8)

14. 학습(學習)이나 지능(知能)의 발달(發達)이 더딘 아동(兒童).

일흔네 번째

가 로 열 쇠

1. 남의 의견(意見)이나 행동(行動)에 맞서거나 거스름.

5. 야곱과 라반이 언약(言約)을 맺은 기념(紀念)으로 세운 돌무더기. (창 31:46,47)

9. 백합과(百合科)에 속하는 식물(植物).

10. 문둥병을 고침을 받고 하나님을 고백(告白)함. (왕하 5:15)

12. 모압의 신(神)으로 바알브올이라고도 함. (민 25:18)

13. 중년(中年)이 넘은 아내를 허물없이 부르는 말.

14. 돌림병.

15. 여러 각도(角度). 여러 방면(方面).

세 로 열 쇠

2. 돈이나 물건(物件) 따위를 빌려줌.

3. 베뢰아 사람은 데살로니가 사람보다 더 ○○적이어서. (행 17:10)

4. 일정한 기준(基準)에서 하나도 빼거나 남기지 않고 전부(全部).

6. 헤스론이 죽은 곳. (대상 2:24)

7. 에스라의 언약서(言約書)에 인(印) 친 사람. (느 10:25)

8. 어떤 일에 대하여 작게나마 밑거름이 되는 것을 비유적(比喩的)으로 이르는 말.

11. 벙어리, 소경, 혈우병(血友病) 등 치료(治療)에 오랜 시간(時間)이 필요(必要)한 질병(疾病).

13. 감정(感情)이나 생각, 기억(記憶) 따위가 깃들이거나 생겨나는 곳.

14. 교리(教理)를 믿지 않는 사람이 신앙(信仰)을 가지도록 인도(引導)하는 일.

일흔다섯 번째

가 로 열 쇠

1. 블레셋 사람에게 빼앗겼던 법궤(法櫃)를 보관(保管)한 기럇여아림 사람. (삼상 7:1)

3. 돕는 배필, 지아비의 면류관(冕旒冠), 더 연약(軟弱)한 그릇. (벧전 3:7)

4. 솔로몬 신복(臣僕)의 자손(子孫)의 조상(祖上). (스 2:57, 느 7:57)

7. 갈렙의 아내로 예셀, 소밥, 아르돈을 낳음. (대상 2:18,19)

10. 어떤 일을 경축(慶祝)하거나 기뻐하는 뜻으로 두 손을 높이 들며 외치는 말이나 소리.

11. 호세아 딸의 상징적(象徵的) 이름으로 '하나님이 이스라엘을 거부(拒否)하심'이라는 뜻임.

14. '헛된'이라는 뜻의 욕(辱)으로 바보, 어리석은 자를 뜻함.

세 로 열 쇠

2. 예수께서 바울에게 자신(自身)을 이렇게 소개(紹介)함. (행 22:8)

3. 길갈 맞은편에 있으며 (신 11:30), 사해(死海)를 가리킴. (수 3:16)

4. 금지(禁止)하심. (레 19:18) 남에게 받은 해를 그만큼 되돌려주는 일.

5. 가나안 땅을 탐지(探知)하러 보낸 아셀 지파 미가엘의 아들. (민 13:13)

6. 라헬이 이것으로 고통(苦痛)받음.
(창 35:16)
· 아이를 배고 낳는 일.

7. 우상(偶像). (왕하 23:6) 모세에게 진멸(盡滅)을 명하심. (출 34:13)

8. 시삭, 소, 디르하가 등. 애굽 왕.

9. 어떤 인물(人物)이나 조직(組織)의 통제(統制)나 보호(保護) 아래.

12. 뜬소문.

13. 사람을 홀리어 어지럽게 하거나, 초자연적(超自然的)인 힘으로 괴이(怪異)한 일을 나타내는 술법(術法).

일흔여섯 번째

■	1			2	■	3
4		■	■		■	
	■	5				
	■		■		■	■
■	6	■	7			8
9		■		■	■	
■	10				■	

가 로 열 쇠

1. 로마의 신도(信徒). (롬 16:8)

4. 근면(勤勉)의 본보기. (잠 6:6-8)

5. 바벨론 포로(捕虜) 후 유다 땅에 남아있던 군대(軍隊) 장관(長官). (왕하 25:23)

7. '멸하지 마옵소서'라는 뜻의 시편(詩篇) 곡명(曲名). (시 57편-59편)

9. 교만(驕慢), 그리스도, 남편(男便)을 비유(比喻)함. (시 83:2, 엡 1:22)

10. 로마 성도(聖徒)들에게 문안(問安)한 고린도의 재무관(財務官). (롬 16:23)

세 로 열 쇠

1. '나의 백성(百姓)'이란 뜻으로, 구원의 날에 이스라엘에게 붙여지게 될 새 이름. (호 2:1)

2. 예루살렘에 대한 에스라의 사명(使命)을 인정(認定)한 바사 왕. (스 7:1-28)

3. 최저(最低) 기온(氣溫)이 섭씨(攝氏) 25도 이하로 내려가지 않는 더운 밤.

4. 애굽에 내려진 두 번째 재앙(災殃). (출 8:2)

5. 무엇을 이루고자 마음속에 품고 있는 욕망(慾望).

6. 베가에 의해 살해(殺害)된 왕의 호위병(護衛兵). (왕하 15:25)

7. 이스라엘이 돕가와 르비딤 사이의 광야(廣野)를 지날 때 진(陣)을 친 곳. (민 33:13,14)

8. 가나안 땅에 거주(居住)한 7족 중 하나. (창 15:18, 신 7:1)

일흔일곱 번째

1		■	2	3	■	4
	■	■	■	5	6	
7		8	■	■		■
	■	9	10	■		■
■	■	11		12		13
14			■		■	
	■	15		■	16	

가 로 열 쇠

1. 축하(祝賀)하러 온 손님.

2. 많은 사람에게 사랑을 받는, 인기(人氣)가 좋은 사람.

5. 에돔 땅 호리 족속(族屬)의 족장(族長). (창 36:27)

7. 다윗의 형제. (삼하 13:3)
· 다윗의 아들. (대상 3:5)
· 웃사의 아들. (대상 6:30)

9. 구세주(救世主). 그리스도. 메시야.

11. 바울이 전도 여행(傳道旅行) 중 들른 에게해 북동쪽의 한 섬. (행 16:11)

14. 고린도의 그리스도인. (롬 16:23)

15. 목공(木工)이 사용하는 도구(道具). (사 44:13)
· 나무를 반반하고 곱게 밀어 깎는 연장.

16. 자연계(自然界)의 법칙(法則)과 인간 세상의 질서(秩序)를 아우르는 말.

세 로 열 쇠

1. 예레미야의 아버지. (렘 35:3)

3. 사울의 첩(妾)인 리스바의 아버지. (삼하 3:7)

4. 그다지 많거나 대단하지 않게 잠깐.

6. 다윗 왕 때, 성전에서 신령한 노래를 하던 아삽의 아들 중 하나. (대상 25:2)

8. 가이사랴에 주둔(駐屯)하던 로마 아구스도 황제(皇帝)의 군대(軍隊). (행 27:1)

10. 집안 살림을 주장(主掌)하여 담당(擔當)하던 부인(婦人).

12. 메시아를 자처(自處)하다 죽임을 당한 자. (행 5:36)

13. 이스라엘의 막내아들. (창 25:12-25)

14. 어떤 것과 다른 것을 차이(差異)에 따라 나눔.

일흔여덟 번째

가 로 열 쇠

2. 오벨에 거하던 느디님 사람들의 두목(頭目). (느 11:21)
4. 마아가 사람인 아사랴의 아버지. (렘 42:1)
6. 아셀 지파 브리아의 손자(孫子)인 소멜의 아들. (대상 7:34)
8. 모세가 반석(盤石)을 쳐서 물을 얻은 곳. (출 17:1-7)
10. 유다 지파 글룹의 동생. (대상 4:11)
11. 이스마엘의 아들. (창 25:15)
14. 바산에 거한 사밧 족속(族屬) 형제(兄弟) 중 한 사람. (대상 5:13)
15. 로마의 성도로 바울의 동역자. (롬 16:9)
18. 이것이 불완전(不完全)한 자는 제사장(祭司長)이 되지 못함. (레 21:18)

세 로 열 쇠

1. 그 당대(當代) 사회에서 일어난 일.
3. 애굽의 왕. 파라오.
4. 어떤 일에 대하여 긍정적으로 반응함.
5. 애굽의 종으로 주인인 유다 사람 세산의 딸과 혼인(婚姻)함. (대상 2:34,35)
7. 갈렙이 소실(少室)인 에바에게서 얻은 아들. (대상 2:46)
9. 레위 지파가 부여(附與)받은 스불론의 성읍. (수 21:35)
10. 솔로몬 때, 이스라엘을 대적(對敵)한 나라. (왕상 11:25)
12. 아셀 지파(支派) 사람으로 여델의 아들. (대상 7:38)
13. 어떤 일의 이치(理致)나 사람이 지켜야 할 도리(道理).
14. 사람의 일생을 여럿으로 구분(區分)했을 때 특정(特定)한 어느 한동안.
16. 셈의 자손(子孫)이며 아브라함의 고조부(高祖父). (창 11:10-21)
17. 남에게 자유(自由)를 빼앗겨 부림을 받는 개인(個人)이나 계층(階層).

일흔아홉 번째

가 로 열 쇠

1. 헬몬산 기슭의 아름다운 고장으로, 베드로가 신앙고백을 한 곳. (마 16:13-20)

5. 선지자 엘리사의 아버지. (왕상 19:16,19)

7. 베들레헴 근처(近處)의 유다 산지(山地)의 한 도시(都市). (대상 2:54)

9. 납달리 지파의 견고한 성읍. (수 19:35)

11. 유대 남단(南端)의 성읍으로, 벧르바옷으로도 불림. (수 15:31)

14. 예수를 찾아와 대화(對話)를 나눈 유대 공회의 회원. (요 3:1)

16. 납달리의 아들로, 야셀, 야시엘로도 불림. (창 46:24, 대상 7:13)

17. 군대 유지(維持), 성전 관리(聖殿管理), 왕과 왕실을 위한 경비로 사용. (대상 27:1)

세 로 열 쇠

1. 예수님 공생애(空生涯) 당시의 황제(皇帝)로, 유대인에게 세금(稅金)을 징수(徵收)함. (눅 3:1)

2. 맡겨진 임무(任務).

3. 예수를 심판(審判)할 때, 자신의 결백(潔白)을 손을 씻어 표함. (마 27:24)

4. 위험(危險)이나 곤란(困難) 등이 미치지 않도록 잘 지키고 보살핌.

6. 우리아의 아내로 다윗이 간음(姦淫)함. 솔로몬의 어머니. (삼하 11:2, 12:24)

7. 이사야가 조롱(嘲弄)한 바벨론의 신. (사 46:1)

8. 바울이 믿음의 사람으로 지칭(指稱)함. (히 11:32)

10. 바벨론 포로(捕虜)에서 돌아온 느디님 족속의 한 가족의 조상. (스 2:48)

11. 유다의 아들인 소발의 아들. (대상 4:2)

12. 그나스의 아들이며, 갈렙의 동생. (삿 1:13)

13. 보고 배운 예의범절(禮儀凡節)이나 솜씨 또는 지식(知識).

15. 아므람과 요게벳의 아들. (출 15:20)

여든 번째

가 로 열 쇠

1. 여러 요소(要素)들이 모여 기세(氣勢)를 뻗치는 집단(集團).

4. 고라와 함께 모세를 반역(反逆)한 온의 아버지. (민 16:1)

5. 이스라엘의 왕 요아스의 아버지. (대하 25:25)

6. 유대인들이 바벨론 포로 후 돌아와 정착(定着)한 곳. (느 11:30)

7. 포로 귀환(歸還) 후 성전(聖殿) 봉사(奉仕)에 참여(參與)한 사람. (스 2;47)

8. 아버지 라반의 계략(計略)으로 야곱의 아내가 됨. (창 29:19-27)

10. 피부병(皮膚病)을 가진 여자, 여로보암의 어머니. (왕상 11:26)

12. 어린 양과 14만 4천이 있는 곳. (계 14:1)

14. 하늘과 땅이 아직 나누어지지 않은 태초(太初)의 상태(狀態).

세 로 열 쇠

1. 르우벤 지파에게 주어진 영토(領土)에 있던 성읍. (수 13:19)

2. 먹을 것이 없어 굶고 주림.

3. 포로 귀환 후 예루살렘 어문을 건축(建築)한 자들의 조상. (느 3:3)

5. 이스라엘의 왕 여호야하스의 아들이며, 여로보암의 아버지. (왕하 13:10-13)

7. 하갈의 피난처(避難處), 미리암이 장사(葬事) 된 곳. (민 20:1)

8. 바울이 탄 배가 정박(碇泊)한 곳.
(행 28:13)

9. 아브라함이 후처(後妻)인 그두라에게서 낳은 아들. (창 25:2)

11. 독일의 신학자(神學者)로 종교개혁(宗敎改革)을 주창(主唱)함.

12. 예수님과 바울이 각각 방문(訪問)한 곳.
(마 15:21, 행.27:2)

13. 십브라와 부아. 애굽 왕의 명령(命令)을 거역(拒逆)함. (출 1:15-22)

여든한 번째

가 로 열 쇠

1. 신이 존재(存在)하지 않는다는 사람들의 주장(主張).

3. 손잡이가 있고 받침 접시는 딸려 있지 않은 원통형(圓筒形)의 잔.

5. 포로(捕虜) 후기의 선지자(先知者)로 스가랴와 동시대(同時代) 인물. (스 5:1)

6. 어떤 일이나 부정적(否定的)인 요소(要素) 따위를 깨끗이 정리(整理)하여 결말(結末)을 지음.

9. 베냐민 지파 사람으로 사하라임의 아내. (대상 8:9)

10. 스룹바벨의 아버지. (스 3:8)

13. 세례요한이 비판(批判)함. (마 3:7)
부활(復活)을 부인(否認)함.

15. 서로 어긋나거나 다름.

세 로 열 쇠

1. 노아 홍수(洪水) 후에 나타난 언약(言約)의 증표(證票). (창 9:12,16)

2. 담, 고개, 무지개같이 높은 것의 저쪽.

4. 안디옥에서 처음으로 쓰임. (행 11:16)

5. 포로 귀환(捕虜 歸還) 후 이 자손(子孫)들이 제사장(祭司長) 직분(職分)을 수행(遂行)하지 못함. (스 2:61, 느 7:63)

7. 지혜(智慧)는 ○○와 비교(比較)할 수 없을 정도(程度)로 귀함. (욥 28:18)

8. 사물(事物)이나 현상(現想)이 만들어지거나 처음부터.

11. 어떤 사물이나 사건의 핵심(核心)이 되는 부분.

12. 갓 지파(支派)의 용사(勇士).
(대상 12:8)

14. 낡은 제도(制度)나 기구(機構) 따위를 새로운 시대(時代)에 맞게 바꾸는 일.

여든두 번째

1		■	■	2	■	3
	■	4			5	
	■		■	■		■
6						7
	■		■	■	■	
■	■	8		9		■
10			■		■	11

가 로 열 쇠

1. 모든 길은 ○○로 통한다.

4. 바울이 고린도에서 잠시(暫時) 머물던 집의 주인(主人). (행 12:12-16)

6. 모압의 성읍(城邑). (사 15:5)

8. 백성(百姓)들이 스가랴에게 성전(聖殿) 재건(再建)에 대해, 물어보도록 보낸 사람. (슥 7:2)

10. 므낫세의 자손(子孫)으로 가족(家族)의 우두머리. (민 26:30)

11. 심판(審判)의 결과(結果). (창 7:4) 하나님만이 모든 사람에게 내려주심. (렘 14:22)

세 로 열 쇠

1. 다윗 왕 때에 성막(聖幕)에서 음악(音樂)을 담당(擔當)함. (대상 25:4)

2. 성급(性急)하게 굴지 않고 사리(事理) 판단(判斷)을 너그럽게 하는 마음의 상태(狀態).

3. 이전(以前)까지의 불안(不安)이 가셔 마음을 놓음.

4. 앗수르 왕으로 사마리아를 공략(攻略)함. (왕하 15:29)

5. 탁구(卓球)나 배구(排球)에서, 공을 네트 너머로 세게 내려침.

7. 남을 빈정대며 놀림.

9. 예수의 조상(祖上)으로 요셉의 4대조. (눅 3:24)

여든세 번째

1		2	■	3		4
■	■		■		■	
5					■	■
	■		■	6		7
8			■	■	■	
	■	■	9		10	■
11				■	12	

가 로 열 쇠

1. 어떤 장소(場所)나 사물(事物)이 다른 것과 거리가 짧게.

3. 바울이 탄 배가 광풍(狂風)으로 표류(漂流)하다가 도착(到着)한 섬. (행 27:16)

5. 이스라엘의 왕으로 예후의 아들.
(왕하 10:35)

6. 바울이 ○○○의 권속(眷屬) 중 주 안에 있는 자들에게 문안함. (롬 16:11)

8. 사울이 나귀를 찾으러 갔던 곳.
(삼상 9:4)

9. 바벨론의 교만(驕慢) (계 18:16), 순결(純潔) (계19:4) 등을 상징함.

11. 벨릭스의 아내로 바울의 설교(說教)를 경청(敬聽)함. (행 24:24)

12. 인간이 지켜야 할 도리(道理)나 바람직한 행동 규범(行動 規範).

세 로 열 쇠

2. 모압 근처(近處)의 이스라엘 백성의 숙영지(宿營地). (민 33:44)

3. 아하수에로 왕의 일곱 방백(方伯) 중 한 사람. (에 1:4)

4. 의견(意見)이나 이해(理解)가 달라 옥신각신 싸움.

5. 유다 왕 여호사밧을 모반(謀叛)한 심복(心腹). (왕하 12:20,21)

7. 절반(折半)을 깎음은 모욕(侮辱)을 나타내고 (삼하 10:4,5),
문둥병자는 깎아야 함. (레 13:29-33)

9. 아셀의 딸이며 임나, 이스, 이스위, 브리아의 누이. (창 46:17)

10. 나실인은 ○○나무의 소산(所産)을 먹지 못함. (민 6:3,4)
안식년(安息年)에는 수확(收穫)을 금함.
(레 25:5)

여든네 번째

가 로 열 쇠

3. 바로 (사 51:9),
   느부갓네살 (렘 51:34),
   사단 (계 12:9)을 상징(象徵)함.

4. 여호수아가 정복(征服)한 성읍.
   (수 12:20)

7. 아브라함의 고향(故鄕)으로, 하나님의 부르심을 받은 곳. (창 11:31, 15:7)

8. 한 나라의 중앙 정부(中央政府)가 있는 곳.

10. 이곳 사람들이 스룹바벨과 함께 이스라엘로 돌아옴. (스 2:59)

11. 미가엘. (유 9) 주님 재림(再臨) 때에 옹위(擁衛)함. (살전 4:16)

13. 헤만의 아들로 성막(聖幕)의 음악(音樂)을 담당(擔當)함. (대상 25:31)

세 로 열 쇠

1. 명확(明確)히 드러내지 않고 넌지시 알림.

2. 갈렙의 손자(孫子)이며 아스훌의 아들.
   (대상 4:5,6)

5. 아하시야 왕과 요시야 왕이 전사(戰死)한 곳. (왕하 23:29)

6. 느부갓네살 왕의 박사장(博士長).
   (렘 39:3)

8. 사도들을 도움. (행 5:7)
   · 특정(特定)한 개인(個人)이나 단체(團體)를 선(善)으로 이끌고 악(惡)으로부터 보호(保護)하는 천사(天使).

9. 다른 사람에게 소속(所屬)되거나 고용(雇用)되어 그 사람의 명령(命令)을 따르는 사람.

12. 유대인의 부족(部族) 공동체(共同體)를 대표(代表)하는 최고(最高) 연장자(年長者).
    (행 11:29,30)

여든다섯 번째

가 로 열 쇠

1. 바니의 아들로 이방(異邦) 여인과 혼인(婚姻)함. (스 10:35)

3. 거짓 선지자(先知者) 바예수가 바울에게 징계(懲戒)를 받은 곳. (행 13:6-13)

4. 이곳 유대인들이 오순절(五巡節)에 예루살렘에 와서 베드로의 설교(說敎)를 들음.
(행 2:1,10)

5. 교수형(絞首刑), 돌로 침, 십자가형(十字架刑), 참수형(斬首刑), 화형(火刑) 등.

6. 유다 왕 요아스를 모반(謀叛)한 신복(臣僕). (왕하 12:20,21)

8. 왕의 이름을 따서 조성(造成)한 마게도냐의 성읍. (행 16:12, 20:6)

11. 로마의 성도(聖徒). (롬 16:8)

12. 발이 빠름, 사냥감, 먹이, 아름다움, 사랑스러움. (아 2:9)

세 로 열 쇠

1. 모레의 다음 날.

2. 아브라함 (창 14:13)과 이스라엘 족속(族屬) (삼상 4:6,9)의 호칭(互稱).

3. 살인(殺人)한 후 왕위(王位)를 찬탈(簒奪)함. (왕상 11:26)
· 악한 통치자(統治者).

6. 솔로몬에게 반역(叛逆)한 뒤, 애굽에서 돌아와 이스라엘의 초대(初代) 왕이 됨.
(왕상 12:1-3)

7. 아낙 사람이 살던 곳으로 여호수아에게 진멸(盡滅/殄滅) 당함. (수 11:21)

9. 베냐민 지파 아셀의 아들. (대상 8:18)

10. 율법(律法)으로 보호(保護)됨.
(출 21:22)
· 죄성(罪性)을 소유(所有)함. (시 51:5)
· 모체(母體)의 태(胎) 속에서 자라고 있는 아이.

여든여섯 번째

가 로 열 쇠

1. 이것과 비늘이 있는 것은 정한 것, 없는 것은 부정(不淨)한 것. (레 11:9)

5. 다윗 시대의 레위인 악사(樂士). (대상 15:18,20)

7. 아람어로 '아버지' 또는 '아빠'라는 뜻. (막 14:36)

8. 포도원의 주인으로 이세벨의 간계(奸計)로 죽임을 당함. (왕상 21:5-16)

9. 엘리야의 고향으로 추정(推定)되는 길르앗의 한 성읍. (왕상 17:1)

10. 불뱀에게 물린 것의 해독(解毒)을 위해 모세가 만든 것으로, 후에 우상(偶像)이 됨. (민 21:8, 왕하 18:4)

11. '마름질'의 방언(方言).

12. 어떤 직책(職責)을 맡도록 임명(任命)함.

13. 베냐민 지파 사람으로 아하라의 다른 이름. (대상 7:12)

15. 꿈, 근심, 슬픔과 자책(自責), 질병(疾病) 등이 원인(原因)임. (단 2:1, 에 6:1)

세 로 열 쇠

2. 베들레헴 근처(近處) 유다의 한 도시(都市). (대상 2:54)

3. 가나안인들이 이스라엘의 군대(軍隊)를 피해 도망(逃亡)한 곳. (수 11:8)

4. 피가 엉겨 굳은살처럼 된 것.

6. 소아시아 브루기에 있는 주요 도시로 바울이 방문하기를 원한 곳. (골 2:1)

7. 납달리 지파의 땅 남서쪽 경계(境界) 지점(地點)에 있는 성읍. (수 19:34)

12. 사람의 신용(信用), 사물(事物)의 품질(品質) 등에 대해 틀림없이 믿을 만함을 책임(責任)지고 증명(證明)함.

14. 드고아의 아비인 아스훌의 아내. (대상 4:5,7)

16. 맛을 느끼며 소리를 내는 구실(口實)을 하는 역할(役割)을 하는 기관(器官).

여든일곱 번째

가 로 열 쇠

1. 사울과 그의 아들들이 죽은 곳으로 다윗이 저주(咀呪)함. (삼상 31:8)

3. 시끄럽게 떠들어 대며 술렁거림.

5. 권세(權勢) 잡은 자, 관리자(管理者), 정사(政事) 잡은 이.

   벼슬에 있으면서 나랏일을 보는 사람.

6. '새벽', '암사슴'이란 뜻으로, 시편(詩篇)의 곡명(曲名). (시 22편)

8. 골리앗의 고향(故鄕)으로 다윗의 피난처(避難處). (삼상 17:4)

9. 친근(親近)한 관계(關係)나 동료(同僚)간에 편하게 하는 말투.

10. 셀라 후손(後孫)들이 정착(定着)한 유대의 한 마을. (대상 4:21)

11. 조직(組織)이나 단체(團體) 등의 활동(活動)을 주도(主導)하는 위치(位置)에 있는 사람.

12. 하나님이 우리와 함께 계신다.

세 로 열 쇠

2. 솔로몬 심복(心腹)인 자손(子孫)의 조상(祖上). (스 2:57)

3. 바라고 원함.

4. 느헤미야의 언약서(言約書)에 인(印) 친 자(者). (느10:27)

5. 일정한 권한(權限)을 가지고 통제(統制)하거나 관장(館長)함.

7. 어떤 곳에 감도는 독특(獨特)한 분위기(雰圍氣).

8. 브다술의 아들이며, 므낫세 지파의 족장. (민 1:10)

10. 여호와의 총회(總會)에 들어가지 못함. (신 23:1)
   · 전적(全的)인 헌신(獻身)에 대한 비유. (마19:12)
   · 거세(去勢)된 자. 환관장(宦官長).

여든여덟 번째

가 로 열 쇠

1. 솔로몬 때 벤데겔이 관장(管掌)한 지방(地方). (왕상 4:9)

5. 일정(一定)한 곳에서 경계(境界)하며 지키는 일을 하는 사람. (겔 33:1-19)

7. 야곱의 여섯째 아들. (창 30:19,20)

10. 못되고 나빠서 인간(人間)의 도덕적(道德的) 기준(基準)에 어긋남.

11. 사무엘의 아버지 엘가나의 고향(故鄕). (삼상 1:1)

13. 어떤 일을 할 때 쓰는 연장을 통틀어 이르는 말.

14. 에스라가 레위인을 구하러 보낸 사람 중 한 사람. (스 8:16,17)

세 로 열 쇠

1. 샘물 열둘과 종려나무 칠십(七十) 주(株)가 있던 곳. (민 33:9,10)

2. 예레미야에 의해 멸망(滅亡)을 선고받은 모압의 성읍. (렘 48:21,22)

3. 바울이 세 번 겪음. (고후 11:25)
항해(航海) 중인 배가 폭풍우(暴風雨) 등으로 인해 부서짐.

4. 아비멜렉이 자기 형제 70명을 죽임.
포악(暴惡)하고 막된 임금.

6. 암수의 구분(區分)이 있는 동물(動物)에서 새끼를 배지 않는 쪽.

8. 에베소에서 디모데와 함께 마게도냐로 간 바울의 동역자(同域者). (행 19:22)

9. 시므온 자손의 족장(族長). (대상 4:36)

12. 잔인(殘忍)한 압제자(壓制者)를 비유하는 말. (잠 30:14)

여든아홉 번째

가 로 열 쇠

1. 므낫세 지파 슬로브핫의 막내딸. (민 26:33)

3. 죄인(罪人)을 잡음.

5. 긴네렛 바다 동편(東便)의 고원지대(高原地帶)로 므낫세 반 지파(支派)에 할당(割當)됨. (민 21:33-35)

6. 가나안 후예(後裔) 중 한 족속(族屬). (창 10:15,16)

9. 갈릴리 바닷가의 한 마을. (막 8:10)

10. 남을 집적거려 일을 돋우어 일어나게 함.

11. 바울이 베니게로 가는 배를 갈아탄 곳. (행 21:1-3)

12. 요단강 동편 수리아 지역(地域)의 성읍(城邑). (삼하 10:6-8)

세 로 열 쇠

1. 호리 족속인 세일의 아들로 한 지파(支派)를 거느렸던 족장(族長). (창 36:21,28)

2. 그돌라오멜이 에임을 진압(鎭壓)시켰던 곳. (창 14:5)

4. 이스마엘의 아들. (창 25:15)

5. 타작(打作) 기구(器具) (잠 20:26),
수레 (사 28:27),
병거(兵車) (나 3:2).

7. 소아시아 동부(東部)의 고원지대(高原地帶)에 위치(位置)한 곳. (행 2:9)

8. 하만의 열 아들 중 하나. (에 9:9)

아흔 번째

1	■	2		3	■	4
■	5		■	6		
■		■	■		■	
7					■	■
	■	■	■	■	8	■
	■	9		10		11
12			■		■	

가 로 열 쇠

1. 아론의 지팡이가 ○이 됨.
하와를 유혹(誘惑)한 ○.

2. 목자(牧者)가 물맷돌을 넣음.
(삼상 17:40)
여행(旅行)의 필수품(必需品). (눅 9:3)

5. 잘못 보거나 그릇되게 인식(認識)함.

6. 미디안 족장(族長)인 수르의 딸로 비느하스에게 살해(殺害)됨.

7. 초기(初期) 그리스도인들의 활동(活動) 중심지(中心地)로 소아시아의 도시(都市).
(골 4:13)

9. 바알가, 기랏여아림과 동일(同一)한 곳.
(수 15:9,10)

12. 보라 네 ○○○라 하신대, 그때부터 그 제자(弟子)가 자기(自己) 집에 모시니라.
(요 19:27)

세 로 열 쇠

2. 어떤 대상(對象)에 소유권(所有權)을 가지고 있는 사람.

3. 바울이 전도(傳道) 여행(旅行) 중 머문 에피루스의 한 성읍. (딛 3:12)

4. 베냐민 지파의 영토(領土)가 됨.
(수 18:26)

5. 원뿔꼴 관과 두 개의 리드로 되어 고음(高音)을 내는 목관(木棺) 악기(樂器).

7. 예수님 당시(當時)에 통용(通用)되던 말.

8. 어떤 일을 일어나게 하는 까닭이나 근거(根據).

9. 에스라 때에 성전예식(聖殿禮式)을 인도(引導)한 레위 사람. (느 9:4,5)

10. 사물(事物)의 가치(價値)나 등급(等級).

11. 제자(弟子)들이 예수님을 위해 준비(準備)한 곳. (막 14:14-16)

아흔한 번째

1	2	■	3		4	
■		■		■		■
5				■	6	
	■	■	■	7		■
8	9		■		■	10
■		■	11		■	
12			■	13		

가 로 열 쇠

1. 사람에게 재앙(災殃)을 내리거나 나쁜 길로 유혹(誘惑)하는 마귀(魔鬼).

3. 사울이 아히노암에게서 얻은 셋째 아들. (삼상 14:49)

5. 포로(捕虜)에서 돌아온 레위 지파의 조상(祖上). (스 2:40)

6. 포로(捕虜)에서 귀환(歸還)한 족장(族長)으로 언약서(言約書)에 인을 침. (느 10:14)

7. 어떤 기준(基準)에 의하여 구분(區分)한 일정(一定)한 기간(基幹).

8. 헤브론 사람으로 아낙의 아들이며 거인(巨人)임. (민 13:22,23)

11. 기회(機會)를 놓침.

12. 바울의 편지(便紙)를 에베소에 전달(傳達)함. (행 20:4)

13. 이스라엘의 왕 살룸의 아버지. (왕하 15:10)

세 로 열 쇠

2. 베다니 사람 나사로의 두 동생 중 언니. (눅 10:40)

3. 게르손 족속의 레위인으로 성전(聖殿)의 악사(樂士). (대상 6:40)

4. 시므온 지파의 족장인 슬루미엘의 아버지. (민 1:6)

5. 브에리의 아들로 선지자(先知者). (호 1:1)

7. 아합 왕의 승전(勝戰)을 약속했던 거짓 선지자(先知者). (왕상 22:24)

9. 베냐민 사람으로 엘바알의 아들. (대상 8:17)

10. 가나안 족속(族屬)의 수도(首都). (수 12:22)

아흔두 번째

가 로 열 쇠

1. 아비멜렉이 이곳을 공격(攻擊)하다 맷돌에 맞아 죽음. (삿 9:50-55)

4. 하나님의 창조물(創造物) 중 으뜸이라고 언급(言及)됨. (욥 40:15,19)

5. 갈릴리 바닷가의 마을. (막 8:10)

7. 예루살렘 성벽(城壁) 건축(建築)을 도운 브다야의 아버지. (느 3:25)

8. 다윗이 찬송(讚頌)하는 일을 맡긴 레위인 에단의 아버지. (대상 6:44)

10. 아직 껍질을 벗기지 않은 곡식(穀食)의 알맹이.

11. 집이나 마을의 뒤에 있는 작은 산이나 언덕.

13. 예수를 때린 ○○○. (마 26:67)
 · 손의 안쪽.

세 로 열 쇠

1. 남쪽 아라비아에 위치(位置)한 성읍.
 (욥 6:19)

2. 바사 왕국의 서기관(書記官). (스 5:3)

3. 정도(程度)보다 지나치게 많음.

4. 그리스도와 아버지는 ○○임.
 (요 10:30)

6. 해지거나 뜯어진 곳에 다른 천을 덧대어 누덕누덕 기운 옷.

7. 솔로몬의 포도원(葡萄園)이 있던 곳.
 (아 8:11)

9. 이스라엘과 요르단 사이의 예루살렘에 있는 산으로 하나님이 거하시는 곳.
 (시 74:2)

12. 몸이나 손발 따위를 움직임.

아흔세 번째

1	■	2	■	3		4
5			■		■	
■	■	6			7	■
8			■	■	9	
	■	■	10			■
	■	11		■	12	
13		■		■		■

가 로 열 쇠

3. '가까이 가져오다'. 제단(祭壇)에 바쳐진 성물(聖物). (막 7:11)

5. 기드온에게 살해(殺害)된 미디안의 두 왕 중 하나. (삿 8:4-21)

6. 바울과 함께 아시아에 간 이방인(異邦人) 그리스도인. (행 20:4)

8. 유다의 손자인 헤스론의 아들로, 갈렙이라고도 불림. (대상 2:9,18)

9. 때 묻은 옷이나 가죽 따위를 물이나 약품(藥品) 등으로 빠는 일. (출 19:10)

10. 조심(操心)하지 않음.

11. 세상이 끝나는 날 예수가 세상을 심판(審判)하고 구원(救援)을 완성(完成)하기 위해 다시 오는 일.

12. 형률(刑律)의 작용(作用)에 관한 범례(凡例). 계명(誡命), 법, 율법(律法).

13. 사람의 품격(品格)으로서 점잖은 무게.

세 로 열 쇠

1. 사람이나 기타(其他) 생물(生物)을 잔인(殘忍)하고 참혹(慘酷)하게 죽임.

2. 포로(捕虜) 시대(時代)에 이방(異邦) 여인을 취했던 유대인. (스 10:40)

3. 비느하스에게 살해(殺害)된 수르의 딸. (민 25:14)

4. 넓고 평평한 큰 바위.
○○에서 물이 나옴. (출1 7:6)

7. 시내산에서 주어짐. 언약(言約)이라 불림. 그리스도께로 인도(引導)함. (갈 3:24)

8. 빌립보의 바울의 동역자(同域者). (빌 4:3)

10. 하만의 궤계(詭計)로부터 구조(構造)된 날을 기념(紀念)하는 유대인의 축제(祝祭).

아흔네 번째

1	2		3		4	■
■		■		■	5	6
7		■	8		■	
	■	■		■	9	
10		11	■	12		■
	■		■	■	13	14
	■	15			■	

가 로 열 쇠

1. 유다인 아스훌의 아들. (대상 4:5-6)

5. 남의 권리(權利)를 침해(侵害)한 사람이 그 손해(損害)를 물어줌.

7. 아브라함과 사라의 아들, 에서와 야곱의 아버지.

8. 구제(救濟)와 선교(宣敎)를 위해 임명(任命)된 일곱 집사(執事) 중 한 명. (행 6:5)

9. 고기 없이 곡식(穀食)을 제물(祭物)로 하여 지내는 제사(祭祀). (레 2:1)

10. 제물(祭物)로 드리려고 성전(聖殿)에서 매매(賣買)함. (마 21:12)

12. 레아의 하녀(下女)로 야곱에게 줌.
갓과 에셀을 낳음. (창 30:9-13)

13. 몹시 더운 기운.

15. 유월절(逾月節)을 기념(紀念)하는 달로 (출 12:1-28), 나산월이라 불림. (느 2:1)

세 로 열 쇠

2. 다윗이 솔로몬을 후계자(後繼者)로 지명(指名)하는 것을 목격(目擊)한 여인(女人).
(왕상 1:15-31)

3. 스룹바벨의 아버지. (스 3:8)

4. 베냐민 자손(子孫)에 속하는 기브아 사람. (대상 11:31)

6. 항상(恒常) 드리는 번제(燔祭). (민 28:3)

7. 이스라엘과 블레셋의 전투(戰鬪)에서 다윗을 죽이려 한 블레셋의 거인(巨人).
(삼하 21:16)

9. 바울이 예루살렘으로 돌아갈 때 아시아까지 동행(同行)한 사람. (행 20:4)

11. 갈렙의 손자(孫子). (대상 2:48)

14. 겉으로만 착한 체를 하거나 거짓으로 꾸밈.

아흔다섯 번째

가 로 열 쇠

1. 다윗이 에글라에게서 얻은 여섯째 아들. (삼하 3:5)
3. 전쟁(戰爭)이나 갈등(葛藤)이 없이 평온(平穩)함.
4. 에스라의 언약서에 인(印)을 친 사람. (느 10:10)
6. 아하수에로의 제국(帝國) 동쪽 경계(境界)에 있는 나라. (에 1:1)
9. 잠, 졸음. 몸이나 마음이 지쳐서 고달픔.
10. 갈렙의 손자이자 아스훌의 아들. (대상 4:5,6)
14. 기뻐서 큰 소리로 부르짖음. (수 6:20)
16. 굽이 갈라짐. 빨리 달림. 새김질함. (대상 12:8)
17. 시므온 지파의 성읍. (수 19:8)

세 로 열 쇠

1. 유대인의 선민의식(選民意識)에서, 그들 이외의 여러 민족을 얕잡아 이르는 말.
2. 비밀(祕密)을 유지(維持)하기 위하여 당사자(當事者)끼리만 알 수 있도록 꾸민 부호(符號)나 신호(信號).
3. 기복(起伏)이 매우 작고, 지표면(地表面)이 평평하고 너른 들.
5. 헬라인 부친(父親)과 유대인 모친(母親) 사이에서 난 바울의 동역자(同域者).
7. 몸을 사려 빠져나감. 몸을 피함.
8. 자매(姊妹) 사이에서 나이가 많은 쪽.
11. 가인의 자손(子孫)으로 므후야엘의 아들. (창 4:18)
12. 몸에 생기는 온갖 병(病).
13. 시롤의 아비이자 사울 왕의 선조(先祖). (삼상 9:1)
15. 아셀 자손 소멜의 아들. (대상 7:34)

아흔여섯 번째

가 로 열 쇠

1. 사람이나 가축(家畜)을 함부로 마구 죽임.

2. 멘나의 아들이며 엘리아김의 아버지. (눅 3:31)

3. 사람의 목구멍을 통해 나오는 소리.

4. 르호보암이 방어(防禦)를 위해 세운 성읍(城邑). (대하 11:5-8)

6. 빅단과 함께 왕의 문을 지킨 내시(內侍). (에 2:21)

9. '윤택(潤澤)하다'. 예수의 조상(祖上). (눅 3:31)

10. '말뚝'을 뜻하며 직조(織造) 틀에 사용(使用)됨. (삿 16:13,14)

11. 암몬 족속(族屬)의 신(神). (왕상 11:7)

13. 오순절(五巡節) 후 빌립과 베드로, 요한의 전도(傳道)로 개종자(改宗者)들이 생겨남. (행 8:5-25)

세 로 열 쇠

1. 곡에게 군대(軍隊)를 지원(支援)하여 이스라엘을 침략(侵略)함. (겔 38:5,6)

2. 배가 난파(難破)한 후 바울이 상륙(上陸)한 섬. (행 28:1)

3. 개신교(改新教) 성직자(聖職者)의 하나.

5. 스가랴에게 성전(聖殿) 재건(再建)에 대하여, 묻도록 백성(百姓)들이 보낸 자. (슥 7:2)

7. 바울이 극도(極度)로 야만(野蠻) 상태를 나타낼 때 이 이름을 사용함. (골 3:11)

8. 술, 성적(性的) 쾌락(快樂), 노름 따위에 빠져 바르게 살지 못하는 사내.

11. 번영(繁榮)하던 재력(財力)이나 세력(勢力) 따위가 쇠하여 보잘 것이 없이 됨.

12. 사람이 살아가는 데 있어서 마땅히 지켜야 할 도리(道理).

아흔일곱 번째

1			■	2		3
	■	■	4		■	
5		6	■		■	■
■	■		■	7		8
9			10		■	
	■	■		■	11	■
12		■	13			

가 로 열 쇠

1. 유다 대신(代身) 제비 뽑혀 사도(使徒)가 된, 유스도라는 사람. (행 1:23,26)

2. 발디 사람으로 다윗의 용사(勇士). (삼하 23:26)

4. 눈이 부시지 않게 하거나 멀리 보기 위해 손을 펴서 이마에 대는 것.

5. 라멕과 씰라의 딸이며 두발가인의 누이. (창 4:22)

7. 예수를 섬기던 여인. (눅 8:2)

9. 모압 근처(近處)인 이스라엘의 숙영지(宿營地). (민 33:44)

12. 행동(行動)이나 성질(性質)이 몹시 거칠고 사나운 사람을 비유(比喩)하여 이르는 말.

13. 이스르엘 골짜기에 있는 잇사갈의 성읍. (수 19:19)

세 로 열 쇠

1. 베냐민 지파의 한 성읍. (사 10:31)

2. 기브온 못 가까이에 있던 지역으로 요압과 아브넬이 싸운 곳. (삼하 2:16)

3. 아비멜렉에 협조(協助)한 세겜의 장관(長官). (삿 9:26-41)

6. 단 지파(支派) 사람으로 삼손의 아버지. (삿 16:31)

8. 데라의 아들로 아브람의 형제(兄弟). (창 11:26)

9. 예레미야를 잡아 방백(方伯)들에게 끌고 간 사람. (렘 37:14)

10. 잇사갈 지파의 지역(地域)을 다스린 여호사밧의 아버지. (왕상 4:7-17)

11. 남의 좋은 일에 기쁘고 즐거운 마음으로 인사(人事)함.

아흔여덟 번째

1		2	■	3	4	■
	■		■	■	5	
	■	6	7			■
8	9	■		■	10	
■	11		■	12		■
13		■	14	■	15	
■		■	16			■

가 로 열 쇠

1. 엘리사의 사환(使喚)으로 문둥병에 걸림. (왕하 5:25)

3. 구약(舊約)의 여덟 번째 책(冊).

5. 바알브올로도 불린 모압의 신(神). (민 25:18)

6. 바산 왕 옥의 성읍(城邑)으로 이스라엘이 점령(占領)함. (수 9:10)

8. 게르손의 후손(後孫)으로 레위 지파의 한 사람. (대상 6:20)

10. 포(浦)로 귀환(歸還) 후 일꾼으로 일한 바핫모압의 아들. (느 3:11)

11. 포로에서 귀환한 지도자(指導者) 중 한 사람. (스 2:2)

12. 갓 돋아 나온 차나무의 새싹을 따서 만든 차(茶).

13. 요단 동편(東便)에 거한 종족(種族)으로 그돌라오멜에게 패함. (창 14:5)

15. 남의 마음에 들려고 비위(脾胃)를 맞추면서 알랑거림.

16. 에스라가 여행 준비(準備)를 위해 장막(帳幕)을 쳤던 바벨론 지역(地域). (스 8:15)

세 로 열 쇠

1. 그나스의 후손(後孫)인, 모압이 조상(祖上)인 후손. (대상 4:13,14)

2. 유다 왕 요아스의 어머니. (왕하 12:1)

4. 이스라엘이 시내 광야(廣野)에서 하루를 머문 곳. (민 33:16,17)

7. 이방인(異邦人) 아내와 이혼(離婚)한 바니 자손(子孫). (스 10:29)

9. 아하수에로의 잔치에 초대(招待)받은 바사와 메대의 일곱 방백(方伯) 중 한 사람. (에 1:14)

14. 생후(生後) 1년부터 6세까지의 어린아이.

아흔아홉 번째

가 로 열 쇠

1. 바울이 사랑한 로마의 성도(聖徒). (롬 16:9)

3. 어떤 통치자(統治者)나 집단(集團)이 통치하는 아래.

5. 앗수르 왕으로 아들들에게 암살(暗殺)당함. (왕하 19:37)

7. 예루살렘 교회(敎會)의 초대 집사(執事)로 식량(食糧)과 물품(物品)의 분배(分配)를 맡음. (행 6:5)

9. 헤롯이 세운 도시(都市)로 전도자(前導者) 빌립이 거주(居住)함. (행 8:40)

10. 축제일(祝祭日)에 태어난 레위족으로 므라리의 자손(子孫). (대상 6:30)

12. 에브라임 지경(地境)에 있는 레위인의 성읍. (수 21:22)

13. 주위(周圍)에 잘 알려지지 않은 새로운 소식(消息).

세 로 열 쇠

1. 간단(簡單)한 식사(食事)나 간식(間食)거리.

2. 이스라엘을 응징(膺懲)하기 위하여 하나님이 세운, 메소보다미아의 왕으로 8년간 통치(統治)함. (삿 3:8)

4. 여 선지자(先知者) 훌다의 남편(男便)인 살룸의 조부(祖父). (대하 34:22)

6. 레위 지파 게르손의 아들. (출 6:17)

8. 산과 산 사이에 깊숙이 패어 들어간 곳.

10. 예루살렘 성벽(城壁)을 중수(重修)한 므레못의 조부. (느 3:4,21)

11. 므낫세 반 지파에 속한 용사(勇士)로 유명(有名)한 족장(族長). (대상 5:24)

12. 누에고치에서 뽑은 실.

백 번째

1		■	2	3	■	4
	■	5	■	6		
7	8		9		■	■
■		■		■	10	11
12		■	■	13	■	
■	14		15	■	16	
17		■	18			■

가 로 열 쇠

1. 글로써 사귄 사람.
2. 물고기의 잔뼈.
6. 요야김 시대(時代)의 제사장(祭司長)으로, 스라랴 족속(族屬)의 족장(族長).
(느 12:12)
7. 초기 그리스도인의 활동(活動) 중심지(中心地)인 소아시아의 도시. (골 4:13)
10. 상대방(相對方)에게 전하고 싶은 안부(安否), 소식(消息), 용무(用務) 등을 적어 보내는 것.
12. 몹시 미워함.
13. 이 동물(動物) 2마리가 42명의 어린아이를 찢어 죽임. (왕하 2:23-24)
14. 조물주(造物主)에 의하여 만들어진 것.
16. 여로보암의 아내가 아히야에게 준 것.
(왕상 14:3)
17. 부모를 여의고 홀로 된 아이.
18. 돈이나 대가(代價)를 받고 남성의 성적(性的) 상대(相對)가 되어 주는 여자.

세 로 열 쇠

1. 바니의 아들 중 이방인(異邦人) 아내를 취한 자. (스 10:35)
3. 스마야의 자손(子孫)이며 여다야의 조상(祖上). (대상 4:37)
4. 잠을 자지 않고 밤을 샘.
5. 이스라엘의 왕으로 바아사의 아들.
(왕상 16:6)
8. 이 나라 여왕(女王)인 간다게의 내시(內侍)가 빌립의 전도(傳道)를 받음. (행 8:27)
9. 대소변(大小便)을 완곡(婉曲)하게 이르는 말.
11. 집단(集團)이나 사회(社會)를 거느리고 이끄는 사람.
15. 나무에 달린 과실(果實) 따위를 따려고 던지는 짤막한 몽둥이.
16. 남편(男便)이 죽어서 혼자 사는 여인.

백일 번째

가 로 열 쇠

1. 로마의 성도(聖徒)로 바울의 동역자(同役者). (롬 16:9)

3. 몸의 감각(感覺)이나 마음으로 깨달아 아는 기운(氣運)이나 감정(感情).

4. 아주 작고 자세(仔細)한 부분(部分).

5. 호리 족속(族屬) 시브온의 아들이며, 아나의 형. (창 36:24)

8. 애틋하게 생각하고 그리워함.

9. 히스기야 시대의 바벨론 왕. (사 39:1)

12. 산이나 들에서 저절로 자라는 풀.

13. 엘리야가 이곳에 사는 과부(寡婦)의 아들을 살려줌. (왕상 17:10)

세 로 열 쇠

1. 다윗에게 아내 밧세바를 빼앗긴 다윗의 용사(勇士). (삼하 11:2,3)

2. 어리석고 못나게 구는 사람을 얕잡거나 비난(非難)하여 이르는 말.

3. 느부갓네살 왕의 시위 대장(侍衛大將). (왕하 25:8)

6. 딸의 병을 고쳐 달라고 예수께 간청(懇請)한 가버나움의 회당장(會堂長). (눅 8:41)

7. 뒤꿈치를 들고 발끝으로 서 있는 발의 모양(模樣).

9. 요야김 시대(時代)의 제사장(祭司長). (느 12:12)

10. 갈림과 아나돗 사이에 있는 베냐민 지파의 한 마을. (사 10:30)

11. 유다 자손과 시므온이 점령(占領)한 가나안 성읍. (삿 1:17)

백이 번째

1	2		■	3	4	■
■		■	5	■	6	
7		8		9		■
	■		■		■	10
11		■	12	■	13	
	■	■	14			■
15				■	16	

가 로 열 쇠

1. 므라리 자손(子孫) 호사의 아들. (대상 26:11)

3. 오래도록 친하게 사귀어 온 사람.

6. 물건(物件)이 갈라진 곳.
엄지손가락과 다른 네 손가락과의 사이.

7. 바울이 빌립보 교회(教會)에 보낸 사역자(事役者). (빌 2:25)

11. 행동(行動)이나 생각 따위가 사리(事理)에 맞고 건실(健實)함.

13. 1년 중 제일(第一) 무더운 계절(季節).

14. 그레데 남쪽의 해안 도시(都市)로 바울이 로마에 갈 때 지남. (행 27:8)

15. 다니엘의 바벨론 이름. (단 1:7)

16. 아람 사람들이 숭배(崇拜)하는 우상(偶像). (왕하 5:18)

세 로 열 쇠

2. 오벨에 거하던 느디님 사람들의 두목(頭目). (느 11:21)

4. 고린도의 그리스도인. (롬 16:23)

5. 국민(國民)이 주권(主權)을 가지고 거주(居住)하는 일정(一定)한 영토(領土)나 그것들의 총체(總體).

7. 홍해 연안(沿岸)의 성읍. (왕상 9:26)

8. 여성들의 윗 속옷.

9. 인기 있고 뛰어난 여자 가수(歌手)나 여배우(女俳優).

10. 오염(汚染)된 상처(傷處)가 곪아 생기는 누르스름하고 끈적거리며 고약한 냄새가 나는 액체(液體).

12. 그돌라오멜과 동맹(同盟)한 아리옥왕의 나라. (창 14:1,9)

13. 유다 지파의 북쪽 경계에 있는 산. (수 15:10)

백삼 번째

가 로 열 쇠

1. 의인(義人)이 죽어서 가는 하늘의 본향(本鄕)을 가리킴. (눅 16:22,23)

5. ○○떡 다섯 개와 물고기 두 마리.
(요 6:9)

7. 미친 듯이 어지럽게 날뜀. (마 8:28)

8. 예루살렘 성벽(城壁)을 중수(重修)한 웃시엘의 아버지. (느 3:8)

9. 마리아의 아들인 요한의 다른 이름.
(행 12:12)

11. 다윗에 의해 나팔(喇叭)을 불도록 지명(指名)된 사람 중 하나. (대상 25:4)

13. 유다 지파인 스와의 아들. (대상 2:49)

세 로 열 쇠

1. 예루살렘의 성도(聖徒)로 흉년(凶年)이 들 것을 예언(豫言)함. (행 11:27)

2. 다윗이 전리품(戰利品)을 보낸 유대 남부(南部)의 성읍. (삼상 30:29)

3. 궁둥이를 대고 걸터앉을 수 있게 만든 기구(器具). (마 21:11)

4. 시끄럽고 어수선함.

6. 아브라함의 조카 브두엘의 딸.
아브라함의 아들 이삭의 아내.

7. 세례요한이 설교(說敎)를 한 곳.
(마 3:1)

8. 여 선지자(先知者) 훌다의 남편(男便)인 살룸의 조부(祖父). (왕하2 2:14)

9. 시간적(時間的)으로나 순서상(順序上)으로 맨 끝. 또는 맨 나중.

10. 처음 만나 이름을 주고받으며 자기를 소개(紹介)하는 일.

11. 제비에 뽑혀 바다에 던져진 사람.
(욘 1:17)

12. 다윗의 용사(勇士)들이 휴식(休息)을 떠난 곳. (삼상 30:9)

백사 번째

가 로 열 쇠

2. 아므람과 요게벳의 딸이며, 아론과 모세의 누이. (민 26:59)

5. 물건(物件)을 담아서 등에 질 수 있도록 만든 주머니.

6. 사도바울이 문안(問安) 인사(人事)를 보낸 로마의 성도(聖徒). (롬 16:14)

8. 소아시아 브루기아에 있는 주요(主要) 도시(都市)로, 바울이 방문(訪問)하기를 원함. (골 4:12,13)

12. 에돔 왕 중 하나로 사믈리라고도 불리움. (대상 1:47)

13. 애굽 왕 바로가, 야곱의 가족(家族)이 거주(居住)하도록 하사(下賜)한 지역. (창 47:11)

15. 어떤 행위(行爲)에 대하여 옳고 그름, 선(善)과 악(惡)을 구별(區別)하는 도덕적(道德的) 의식(意識)이나 마음씨.

세 로 열 쇠

1. 빌립보 교회(敎會)의 연보(捐補)를 바울에게 전한 사람. (빌 4:18)

3. 로마의 신도(信徒)로, '큰', '많은'의 뜻.

4. 수입(收入)이나 재산(財産)이 적어서 살림살이가 넉넉하지 못하고 어려움.

7. 다윗 왕 밑에서 노래하던 에단의 조부(祖父). (대상 6:44)

9. 창녀(娼女)의 이름으로 에스겔 선지자(先知者)가 사마리아를 비유(比喩)로 일컬어 부른 이름. (겔 23:4)

10. 그나스의 후손(後孫)인 요압이 조상(祖上)임. (대상 4:13,14)

11. 어떤 조직(組織)에서 가장 뛰어난 인물(人物).

12. 특정(特定)한 별의 무리. (욥 9:9)
· 우둔(愚鈍)함과 무지(無知)를 뜻함. (시 49:10)

14. 에돔 전체(全體). 에서의 본거지(本據地). (창 32:3)

백오 번째

가 로 열 쇠

1. 엘람의 군주(君主). (창 14:1-16)

5. 40년간 사사(士師)로 활동(活動)함. 71명의 자녀(子女)를 둠. (삿 8:30,31)

6. 서로 적의(敵意)를 품고 눈에 드러나지 않게 싸움.

7. 해당(該當) 없는 사람이 당사자(當事者)인 것처럼 행동(行動)함.

10. 예루살렘 교회(教會)에서 구제(救濟)를 담당(擔當)한 일곱 집사(執事) 중 하나. (행 6:5)

13. 납달리 지파(支派)의 족장(族長)인 아히라의 아버지. (민 1:15)

14. 하몬곡 골짜기에 있는 성읍(城邑)의 상징적(象徵的) 이름. (겔 39:16)

15. 보호자(保護者)가 돌보지 못하는 동안 잠깐 어린아이를 맡아보는 일.

16. 목숨이 끊어져 죽음에 이름.

세 로 열 쇠

1. 베냐민 지파의 한 성읍. (수 18:24)

2. 정탐(偵探)꾼 두 명을 숨겨 준 여리고 성의 여인(女人). (수 2:1)

3. 아브라함에게 십일조(十一條)를 받은 살렘 왕. (창 14:8, 히 7:1)

4. 조용하고 편안(便安)함.

8. 상전(上典)을 배반(背叛)한 종.

9. 재난(災難)을 피하여 있는 곳을 옮김.

11. 요하난과 요나단의 아버지. (왕하 25:38)

12. 모세의 아들인 엘리에셀의 장자(長子). (대상 23:17)

13. 유다와 다말이 정(情)을 통(通)한 곳. (창 38:14)

백육 번째

가 로 열 쇠

1. 아셀 지파의 족장(族長) 아히훗의 아버지. (민 34:27)

3. 어떤 일이나 사람의 뒤를 받아 잇는 사람.

4. 벗겨지지 않도록 신을 발에다 동여매는 끈.

6. 높은 곳에서 낮은 곳으로 이어지는 비탈진 곳.

8. 로마의 제4대 황제(皇帝). (행 11:28)

10. 스룹바벨과 함께 귀환(歸還)한 느디님 사람 중 한 두령(頭領). (스 2:44)

11. 일정(一定)한 곳에 매달아 길게 늘어뜨린 물건(物件).

12. 흩어져 퍼짐.

세 로 열 쇠

1. 슬픈 마음이나 느낌.

2. 종교적(宗敎的) 보편성(普遍性)을 갖지 못하며, 일반인(一般人)들에게 바르지 못하다고 인정(認定)되는 믿음이나 신앙(信仰).

3. 바울이 사탄에게 내어준 이단(異端) 교사(敎師). (딤전 1:19,20)

5. 임금에게 올리던 밥을 높여 부르는 말.

7. 느헤미야가 세운 언약(言約)에 참여(參與)한 사람. (느 10:20)

8. 빌립보에 살던 바울의 동역자(同役者). (빌 4:3)

9. 유대인들이 귀신(鬼神)이나 재앙(災殃)을 물리치는 의식(儀式) 때 피를 묻혀, 뿌리기에 쓰는 식물(植物). (출 12:32)

10. 갈렙의 후손(後孫)인 야대의 아들. (대상 2:47)

백칠 번째

가 로 열 쇠

1. 바울이 고난(苦難) 겪을 것을 미리 경고(警告)한 사람. (행 2:10,11)

3. 여럿이 함께 기세(氣勢)를 올려 악을 쓰며 부르짖는 소리나 그 상태(狀態).

4. 소고와 아세가 사이의 블레셋 사람들의 진영(陣營). (삼상 17:1)

8. 블레셋의 다섯 성읍 중 하나.
(수 13:3)

9. 인류(人類)를 고통(苦痛)과 죄악(罪惡)과 죽음에서 구하는 일.

11. 요셉이 애굽에서, 총리(總理)에 오를 때 바로가 지어준 이름.
'하나님은 말씀하신다. 그리고 그 이름을 가진 자는 산다'라는 뜻임.

세 로 열 쇠

1. 베가에 의해 살해(殺害)된 왕의 호위병(護衛兵). (왕하 15:25)

2. 믹마스 통로(通路) 양쪽에 있는 두 개의 바위산 중 하나. (삼상 14:4)

3. 유다와 베냐민 지파의 경계인(境界人), 예루살렘과 여리고 사이의 언덕길.
(수 15:7,8)

5. 웃사가 법궤(法櫃)를 만짐으로써 재앙(災殃)을 받은 곳. (삼하 6:8)

6. 겁이 없고 배짱이 두둑함.

7. 어떤 조직(組織)이나 단체(團體)를 이루고 있는 사람.

9. 안디옥 교회(敎會)의 교사(敎師)인 루기오가 거한 곳. (행 13:1)

10. 아주 보잘것없는 사내를 비유적(比喩的)으로 이르는 말.

백팔 번째

가 로 열 쇠

1. 바벨론 왕 느부갓네살의 환관(宦官)장. (단 1:3)

5. 땅에 기어다니는 부정(不淨)한 짐승 중 하나. (레 11:30)

6. 정면(正面)으로 맞서 싸움을 겲.

7. 어떤 일에 들이는 시간적(時間的) 여유(餘裕)나 겨를.

8. 창고(倉庫)나 창고의 물품(物品)을 살피고 지키는 사람. (대상 29:7,8)

10. 나뭇가지 따위에 꿰어 말린 물고기.

11. 인색(吝嗇)한 사람을 속되게 이르는 말. 구두쇠.

12. 요셉의 장자(長者)로, 야곱의 양자(養子)가 됨. (창 48:5)

13. 디베랴 호수(湖水) 남서쪽의 갈릴리의 한 성읍(城邑). (마 15:39)

세 로 열 쇠

1. 압살롬의 반란(反亂)에 가담(加擔)한 다윗의 모사(謀士)로, 자살(自殺)함. (삼하 17:23)

2. 바르지 않거나 옳지 못함.

3. 헬라 철학(哲學)의 일파로 바울과 아덴에서 논쟁(論爭)함. (행 17:18)

4, 원망(怨望)하는 이스라엘 백성(百姓)들을 물게 한 동물(動物). (민 21:6,8)

9. 드빌과 같은 곳으로, 옷니엘이 접수(接受)함. (수 15:15-17)

10. 아브라함의 동생인 나홀의 첩(妾). (창 22:24)

11. 태어나 자란 곳. 본향(本鄕).

12. 아브라함과 그두라 사이의 셋째 아들. (창 25:2)

백구 번째

가 로 열 쇠

1. 예수를 심문(審問)하여 사형(死刑)을 결정(決定)한 자. (요 18:23,24)

3. 아브라함을 도와 롯을 구출(救出)한 사람. (창 14:13-16)

5. 예루살렘과 가이사랴 사이의 성읍. (행 23:31)

7. 대상(對象)이 어떤 분야(分野)에서 차지하고 있는 중요성(重要性)의 정도(程度).

9. 므낫세에 있는 성읍으로, 다윗이 피신(避身)한 곳. (삼하 17:27)

11. 무관심(無關心)하거나 소홀(召忽)히 여김.

13. 마음속으로 괴로워하며 속을 태우는 모양(模樣)이나 상태(狀態).

세 로 열 쇠

2. 가룟 유다 대신(代身) 사도(使徒)로 추천(推薦)된 요셉의 별칭(別稱) 중 하나. (행 1:23)

3. 다윗의 경작지(耕作地)를 주관(主管)한 관리(官吏). (대상 27:26)

4. 무슨 일을 형성(形成)하는 데 있어서 기본적(基本的)인 틀.

5. 바울의 친척(親戚)으로 로마에 살던 그리스도인. (롬 16:7)

6. 남에게 쉽게 굽히지 않거나 주어진 환경(環境)에 순응(順應)하지 않고 드세게 구는 것.

8. 바실래의 아들 김함의 이름을 딴 대상(大商)의 숙소(宿所). (삼하 19:37)

10. 나무를 상 모양(模樣)으로 짜 발을 올려놓는 데 쓰는 것.

12. 이슬람 여성(女性)의 전통(傳統) 복식(服食) 중 하나.

백십 번째

1		2		3		4
	■		■		■	
5	6	■	7	■	■	
■	8			■	9	
10		■	■	■		■
■		■	11	12		13
14			■		■	

가 로 열 쇠

1. 딸의 병(病) 치유(治癒)를 예수께 간청(懇請)한 사람. (막 7:26)

5. 이스라엘의 왕 베가에게 반역(反逆)하여, 왕이 된 호세아의 아버지. (왕하 15:30)

8. 그데못 광야(廣野) 서쪽 지역으로 이스라엘 백성(百姓)이 진(陣)을 친 곳. (민 21:18,19)

9. 여자끼리의 동기(同氣).

10. 어떠한 사물(事物)에 대해 느끼는 특별(特別)한 관심(關心).

11. '교회(教會)의 그리스도'와 '머리이신 그리스도'를 묘사(描寫)하는 책(冊).

14. 헤브론 근처(近處)에 있는 유다 지파의 성읍. (수 15:53)

세 로 열 쇠

1. 므라리 가족인 레위 사람으로 아비하일의 아들. (민 3:35)

2. 왕의 권위(權威), 심판(審判)의 권세(權勢), 영광(榮光)과 명예(名譽) 등을 상징(象徵)함. (사 22:23)

3. 기(旗) 따위를 높이 매달아 올림.

4. 사람을 물건(物件)처럼 사고파는 일.

6. 길르앗에 있는 갓 지파의 성읍. (수 13:26)

7. 소란(騷亂)을 일으킴.

9. 불의(不義)로 치부(致富)한 자를 비유(比喩)하는 새. (렘 17:11)

12. 단체(團體)나 기업(企業), 제품(製品) 따위를 표상(表象)하기 위한 문자(文字) 도형(圖形).

13. 서신(書信). 편지(便紙).

백십일 번째

가 로 열 쇠

3. 마음이 서로 통하여 가깝게 사귀는 사람.

5. 레위인으로 므라리의 아들.
(대상 24:26)

7. 정도(程度)나 수준(水尊) 등이 한층 심하게, 또는 높게.

8. 베냐민 사람 엘바알의 아들.
(대상 8:17)

9. 이방인(異邦人) 아내와 이혼(離婚)한 바니 자손. (스 10:29)

13. 무시의 아들, 므라리의 손자(孫子).
(대상 6:27, 24:30)

14. 멘나의 아들이며 엘리아김의 아버지. (눅 3:31)

15. 에서의 아들 엘리바스와 그의 첩(妾) 딤나 사이의 후손(後孫). (창 36:12)

16. 성경(聖經)에 30명의 동명(同名)이 언급(言及)됨. 소선지서. 선지자(先知者)

세 로 열 쇠

1. 다윗 시대의 제사장(祭司長).
(대상 24:9)

2. 물고기의 잔뼈.

4. 한데 쌓여있거나, 모여있는 사물(事物)의 더미.

6. 그핫 자손(子孫) 엘가나의 아들이며, 아마새의 동생. (대상 6:25)

10. 성전 재건(聖殿 再建)에 대해 스가랴에게 보내진 사람. (슥 7:2)

11. 일정(一定)한 내용(內容)을 가진 사람의 말이나 주장(主張).

12. 소아시아 북서쪽 지역(地域)으로 바울이 방문(訪問)함. (행 16:6-11)

13. 여라므엘의 장자(長子)인 람의 아들.
(대상 2:27)

백십이 번째

1		2	■	3	4	
	■	5	6	■		■
■	7	■	8			9
10				■	■	
	■	■	11		12	■
	■	13	■	■	14	
15			■	16	■	

가 로 열 쇠

1. 세상의 시작(始作), 인류 창조(人類創造)의 기원(起源), 대홍수(大洪水) 사건(事件)을 절정(絶頂)으로 그린 책(冊).

3. 부활(復活)하신 예수가 이곳으로 가던 제자(弟子)들을 만남. (눅 24:13)

5. 종족(種族) 보존(保存), 경건(敬虔)한 자손(子孫)을 얻음, 음행(淫行)을 피함.

8. 신통(神通)하고 묘하여 미리 추측(推測)할 수 없음. (시 139:14)

10. 가장(家長)의 권한(權限)이 강한 가족(家族) 형태(形態).

11. 우상(偶像)으로 만들어 숭배(崇拜)하는 것을 금지(禁止)함. (신 4:15-18)

14. 죄나 잘못을 뉘우치고 마음을 고쳐먹음.

16. 대기(大氣) 중의 물방울이 햇빛을 받아 반원형(半圓形)으로 나타나는 띠.

17. 곡식(穀食)의 묶음.

세 로 열 쇠

1. 체면(體面)이 깎이는 일이나 아니꼬운 일을 당함.

2. 히스기야 왕 시대(時代)의 주요(主要)한 수원지(水源池). (대하 32:30)

4. 말세(末世), 부활(復活)의 날, 심판(審判)의 날.

6. 모압 왕이 장자(長子)를 번제(燔祭)의 제물(祭物)로 바침. (왕하 3:26,27)

7. 나오미. 드고아 여인. 사르밧 여인(女人). 안나.

9. 윗사람을 곁에서 가까이 모시는 사람.

10. 그리스도의 면류관(冕旒冠). (요 19:2)

12. 어떤 일이나 행동(行動)을 하기에 좋은 기회(機會)나 경우(境遇).

13. 살육(殺戮)당한 군사(軍士)들이 칼을 이것 삼아 누워있음. (겔 32:27)

15. 제도(制度)나 기구(機構) 따위를 새롭게 뜯어고침.

백십삼 번째

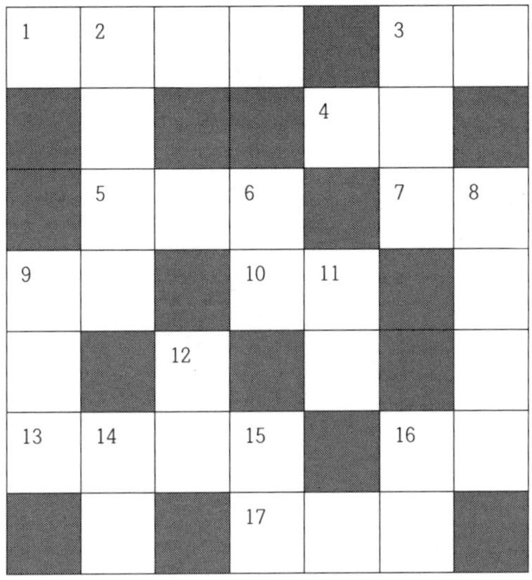

가 로 열 쇠

1. 모세. 아론. 여호수아. 광야(廣野). 시내산. 가나안. 홍해(紅海).

3. 여러 사람이 특정(特定)한 공동(共同)의 목적(目的)을 위해 일시적(一時的)으로 모임.

4. 하나님은 이것을 하시지 않음.
(민 23:19, 롬 11:29)

5. 하나님의 율법(律法)인 십계명(十誡命)을 받은 곳.

7. 시끄럽게 떠들며 술렁거림.

9. 오래 참음.

10. 애굽을 상징(象徵)하는 곤충(昆蟲).
(사 7:8)

13. 남을 위하여 자기(自己)의 수고(受苦)나 목숨을 아끼지 않음.

16. 등급(等級)이나 수준(水尊), 차례(次例) 등에서 으뜸의 바로 다음.

17. 잿물을 입히지 않고 진흙만으로 구운 그릇. (레 17:33)

세 로 열 쇠

2. 유다 지파의 남서쪽 경계(境界)를 이루는 곳. (민 34:5)

3. 여러 사람이 특정(特定)한 목적(目的)을 갖고 모이는 곳.

6. 아이의 출산(出産)을 돕고, 산모(産母)와 신생아(新生兒)의 건강(健康)을 챙기는 사람.

8. 사람이 살아온 모든 시대(時代).

9. 길이나 일, 예식(禮式) 등을 안내(案內)하는 사람.

11. 지도자(指導者).

12. 즐겁고 기쁨.

14. 하나님이 복(福) 주신 결과(結果). 십일조(十一條)를 해야 함. (신 12:17)

15. 누이의 아들. (창 29:13)

16. 여러 번 되풀이하여 저절로 굳어진 행동(行動)이나 성질(性質).

백십사 번째

1		2	■	3	■	4
	■	5			6	■
■	■		■	■	7	
8			■	9		■
	■	■	10	■	11	12
13		14		15	■	
	■		■	16		

가 로 열 쇠

1. 제사장(祭司長), 희생제물(犧牲祭物), 제사(祭祀), 속죄(贖罪), 성결(聖潔) 등이 기록(記錄)된 책(冊).

4. 야곱이 빌하에게서 얻은 아들.
(창 30:6)

5. 솔로몬의 아들이며 왕위(王位) 계승자(繼承者). (왕상 11:43)

7. 모레셋 사람이라 불리는 선지자(先知者). (렘 26:18)

8. 유대인 제사장(祭司長)으로, 예수를 제일 먼저 재판(裁判)함. (요 18:12)

9. 광야(廣野)의 이스라엘 백성(百姓)에게 주신 양식(糧食).

11. 질문(質問)이나 요구(要求)에 응하여 말함.

13. 바울의 전도(傳道)로 개종(改宗)한 아덴의 아레오바고 관원(官員). (행 17:34)

16. 예수가 십자가(十字架)에 못 박혀 죽은 언덕. 골고다.

세 로 열 쇠

1. 다윗의 친구(親舊)로, 아도니야의 반란(叛亂)에 가담(加擔)하지 않은 사람.
(왕상 1:8)

2. 이들의 땅이, 아브라함에게 약속됨.

3. 한 족속의 계통(系統)과 혈통(血統) 관계(關係)를 밝혀 놓은 책(冊).

6. 다윗 때의 제사장으로 웃시엘의 아들.
(대상 15:10)

8. 베냐민 지파 시삭의 아들. (대상 8:24)

10. 내 육체(肉體)의 ○○ 곧 사단의 사자(使者)를 주셨으니--. (고후 12:7)

12. 예수께서 변형(變形)되신 모습을 보인 곳을 일컬음.

14. 술이나 빵을 빚는 데 쓰는 발효제(醱酵劑).

15. 사실(事實)과 다르게 해석(解釋)하거나 오해(誤解)함.

백십오 번째

1		2	■	■	3	4
■	■	5		6	■	
7	■		■	8		
9		■	10		■	■
	■	11		■	12	■
13	14	■	15			16
■	17			■	■	

가 로 열 쇠

1. 40년의 광야(廣野) 생활(生活)을 기록(記錄)한 책.

3. 과거(過去)도 미래(未來)도 아닌 지금(只今)의 시간.

5. 그 지역(地域)에서 본디 죽 살던 사람들.

8. 반역(反逆)한 가족에게 내린 형벌(刑罰).
(민 16:27-34)

9. 함맛과 긴네렛 근방의 납달리 지파의 성읍. (수 19:35)

10. 일로 힘들이고 애씀.

11. 에서와 야곱이 처음으로 다툰 곳.

13. 구약성서(舊約聖書)의 용어(用語)로 '율법(律法)'을 이르는 말.

15. 하나님의 심판(審判)으로 황폐(荒廢)함을 상징(象徵)하는 동물(動物).
(사 14:23, 습 2:14)

17. 볏과에 속한 한해살이풀.

세 로 열 쇠

2. 예수가 나기 이전(以前) 시대(時代).
BC.

4. 부패(腐敗)하기 쉬움.
지혜로워야 함.
하나님이 세우심.

6. 경제적(經濟的)인 빈곤(貧困)으로 겪는 생활상(生活相)의 고통(苦痛).

7. 아미타불이 살고 있다고 하는 아주 깨끗한 세상(世上).

10. 마리아의 잉태(孕胎)가 성령(聖靈)에 의한 것임을 알리는 천사(天使)의 일.

12. 바라는 바가 이루어지기를 빎.

14. '바보'라는 욕(辱).

16. 처치(處置)를 받고 병(病)이 나음.

백십육 번째

1		2	■	3	■	■
■	■	4				5
6			■	■	■	
	■	■	7			
8		■		■	■	
	■	9		10	■	
■	11		■	12		

가 로 열 쇠

1. 사실(事實)이 아닌 것을 꾸며서 말함.
4. 에바브라가 목회(牧會)를 했던 곳. (골 4:12)
6. 모세의 고별 설교(告別說敎)인 책.
7. 아론 자손(子孫)에게 배당(配當)된 땅. (수 21:16)
8. 자기(自己)의 의견(意見)을 바꾸거나 고치지 않고 우김.
9. 사해(死海)에서 아카바만에 이르는 황폐(荒廢)한 저지대(低地帶). (신 1:1)
11. 겁(怯)이 많고 줏대가 없어 떳떳하지 못함.
12. 한가(閑暇)로이 가볍게 이리저리 거닐 수 있는 길.

세 로 열 쇠

2. 십일조(十一條)를 강조(强調)한 구약(舊約)의 마지막 책.
3. '말뚝'을 뜻하며 직조(織造) 틀에 사용(使用)함. (삿 16:13)
5. 로마의 그리스도인.
6. 사도신경(使徒信經)을 외는 일.
7. 에브라임 사람들이 학살(虐殺)된 곳. (삿 12:4-6)
9. 맛사에 사는 야게의 아들. (잠 30:1)
10. 잔인(殘忍)함의 표상(表象). (시 22:12, 암 4:1)

백십칠 번째

가 로 열 쇠

1. 모세의 후계자(後繼者)이며, 이스라엘의 지도자(指導者).

3. 식량(食糧)이 모자라서 굶주리는 일.

4. 여호와의 전쟁기(戰爭期)에 나타난 모압 땅. (민 21:14.15)

5. 아가야의 첫 개종자(改宗者).
(고전 16:15)

9. 아하수에로의 어전(御前) 내시(內侍).
(에 1:10)

11. 지구상(地球上)에서 육지(陸地)를 제외(除外)한 부분(部分).

12. 남에게 자유(自由)를 빼앗겨 부림을 받는 개인(個人)이나 계층(階層).

13. 유다의 아들 셀라의 자손(子孫)으로, 마레사의 아버지. (대상 4:21)

세 로 열 쇠

1. 이스라엘 민족(民族)의 최고(最高)의 신. 야웨.

2. 드고아의 목자(牧者)였다가 선지자(先知者)가 된 사람. (암 1:1)

3. 오벨에 거하던 느디님 사람들의 두목(頭目). (느 11:21)

6. 빅단과 함께 왕의 문을 지켰던 내시(內侍). (에 2:21)

7. 예수의 고향(故鄕)이 나사렛인 데서, '예수'를 달리 이르는 말.

8. 아브라함의 고향(故鄕). (창 11:31)

9. 예수가 귀신(鬼神) 들린 자를 고치신 곳. (마 8:28-)

10. 바울이 탄 배가 광풍(狂風)으로 표류(漂流)하다 도착(到着)한 섬. (행 27:16)

백십팔 번째

<table>
<tr><td>■</td><td>1</td><td></td><td></td><td>2</td><td>■</td><td>3</td></tr>
<tr><td>4</td><td></td><td>■</td><td>■</td><td>5</td><td></td><td></td></tr>
<tr><td>■</td><td>6</td><td></td><td>■</td><td></td><td>■</td><td>■</td></tr>
<tr><td>7</td><td></td><td>■</td><td>8</td><td>■</td><td>9</td><td>10</td></tr>
<tr><td>■</td><td>11</td><td>12</td><td></td><td>13</td><td>■</td><td></td></tr>
<tr><td>14</td><td>■</td><td></td><td>■</td><td>15</td><td></td><td></td></tr>
<tr><td>16</td><td></td><td></td><td>■</td><td></td><td>■</td><td>■</td></tr>
</table>

가 로 열 쇠

1. 열국(列國)의 아비.
   믿음의 조상(祖上).
4. 번개가 친 다음 크게 울리는 소리.
5. '동료(同僚)', '친구(親舊)'라는 뜻.
   스바댜의 아들. (대상 9:8)
6. 보아스와 룻의 아들로, 다윗의 조부(祖父). (룻 4:17-)
7. 신약(新約)에서 하나님을 이르는 말. 예수가 사용(使用)하심.
9. 찬란(燦爛)한 빛.
11. 비싼 이자(利子)를 받는 돈놀이.
15. 폭행(暴行)이나 협박(脅迫)으로 남의 재물(財物)을 강제(强制)로 빼앗는 일.
16. 스룹바벨의 아들. (대상 3:20)

세 로 열 쇠

1. 아덴 사람들이 회의(會議)나 재판(裁判)을 하던 언덕. (행 17:19)
2. 시몬의 자손인 미스마의 아들.
   (대상 4:26)
3. 여호수아에게 패전(敗戰)한 게셀의 왕.
   (수 10:33)
8. 남의 의견(意見)이나 행동(行動)에 맞서거나 그것을 거스름.
10. 분발(奮發)하도록 재촉하거나 격려(激勵)하는 일을 비유(比喩)하는 말.
12. 아야의 딸이며 사울 왕의 첩(妾).
    (삼하 3:7)
13. 다이아몬드.
14. 남을 업신여기어 낮춤.

백십구 번째

1	2		■	3	4	■
■		■	5	■	6	7
8				9	■	
	■	■	■	10	11	
12		13		■		■
	■		■	14		■
■	15			■	16	

가 로 열 쇠

1. 지혜(知慧)의 왕(王).

3. 집단적(集團的) 폭력(暴力) 행위(行爲)로 사회(社會)의 안녕(安寧)과 질서(秩序)를 문란(紊亂)케 하는 일.

6. 사무엘의 장자(長子). (삼상 8:1)

8. 다윗이 탈취물(奪取物)을 보낸 곳. (삼상 30:26)

10. 에디오피아의 여왕(女王). (행 8:-)

12. 부활(復活)하신 예수를 이 사람으로 착각(錯覺)함. (요 20:15,16)

14. 자기(自己)가 사는 집을 중심(中心)으로 사람들이 모여 사는 일정(一定)한 공간(空間).

15. 블레셋의 다섯 성읍 중 하나. (삼상 6:17)

16. 르우의 아들이며, 나홀의 아버지. (눅 3:35)

세 로 열 쇠

2. 디모데의 외조모(外祖母). (딤후 1:5)

4. 마음이나 상황(狀況) 따위가 확고(確固)하지 않고 흔들림.

5. 남모르게 나쁜 일을 꾸밈.

7. 레위 지파에게 주어진 성읍. (수 21:23)

8. 인류(人類)의 시조(始祖)인 아담과 하와가 살던 지상낙원(地上樂園).

9. 이 자의 죄(罪)로 인해 아이성과의 전투(戰鬪)에서 패함. (수 7:1-15)

11. 솔로몬 시대의 애굽의 왕비. (왕상 11:19,20)

13. 성전(聖殿)이나 장막(帳幕) 안의 하나님이 거(居)하시는 가장 거룩한 곳.

백이십 번째

가 로 열 쇠

2. 하만의 아버지. (에 9:24)
5. 다윗의 승리(勝利)를 축하(祝賀)하는 사절(使節)을 보낸 하맛 지방(地方)의 왕. (삼하 8:9-12)
7. 멸망(滅亡). 하나님의 임재(臨在), 심판(審判). 세상의 종말(終末) 등을 의미(意味)함. (사 6:4)
9. 양치기. 물매. 사울. 요나단. 밧세바. 솔로몬. 40년 통치(統治).
10. 베냐민의 셋째 아들. (창 46:21)
13. 히스기야의 성전(聖殿) 정화(淨化)를 도운 레위인. (대하 29:14)
14. 십자가(十字架) 아래에 있던 마리아의 남편(男便). (요 19:25)
15. 그리스도의 족보(族譜)에서 언급(言及)됨. (눅 3:35)
16. 유다의 왕으로 그리스도의 조상(祖上). (마 1:8)

세 로 열 쇠

1. 억울(抑鬱)하고 딱한 사정(事情)을 털어놓고 말하거나 간곡(懇曲)히 호소(呼訴)함.
3. 들라야의 아버지로서, 거짓 선지자(先知者) 스마야의 조상(祖上). (느 6:10)
4. 차(茶)를 달여 마실 때의 예의범절(禮儀凡節).
6. 이세벨에게 죽임을 당한 나봇을 지칭(指稱)하는 말. (왕상 21:1)
8. 먹을 것이 없어 굶고 주림.
11. 포로(捕虜)에서 귀환(歸還)할 때 무리를 인솔(引率)한 사람. (느 7:6,7)
12. 다윗 휘하(麾下)의 지휘관(指揮官). (대상 27:4)
13. 연회(宴會)나 모임 끝에 흥(興)을 돋우기 위해 곁들이는 연예(演藝)나 오락(娛樂).

정 답

첫 번째

동	방	박	사		아	론
역		하		바	벨	
자	유			나		공
	브	엘	세	바		관
마	라		례			복
	데		요	한	복	음
셈		요	한		종	

두 번째

야	고	보	서		예	수
고		김		계		리
보	병		말	기	수	아
	거	문	고		태	
본	성			소	고	
디		비	판		지	옥
오	른	손		술		졸

세 번째

더		여	호	수	아	
베	드	로			부	모
		보	아	스		래
미	리	암		데	라	
	브		라	반		도
아	가	보			언	약
침		배	은	망	덕	

네 번째

	아	헤			아	나
요		게	하	시		사
시	부	모		야	이	로
비		니	도		방	
야	곱			가	인	
		네	리	야		하
사	다	리		바	요	나

다섯 번째

예		갈	보	리		
고	모	라			다	말
		디	나			라
우	리	아		판	관	기
상		서	기	관		
숭			독		교	사
배	교		교	법	사	

여섯 번째

가	시	나	무			그
버			죄	인		리
나	실	인		자	립	심
움		도	고			산
	사	자			중	
천	사		빌	립	보	서
년		천	하			원

일곱 번째

만	남			X	세	대
	자	아		마		
베		브	리	스	길	라
들	릴	라			거	
레		함		여	리	고
헴			배	우		린
	고	라	신		디	도

여덟 번째

모	세	오	경		평	안
	례		고	집		식
고	요			사	십	일
	한	나			계	
		오		신	명	기
예	레	미	야			묘
비			발	목		자

아홉 번째

	주			에	바	다
십	일	조			라	
보		서	기	오	바	울
라	반			네		타
		게	하	시		리
바	나	바		모	태	
	봇		피		초	목

열 번째

예	언	자		미	문	
레		만	나		둥	지
미			무	교	병	
야	고	보				무
		아	바	아	버	지
아		너		시		개
간	다	게		아	멘	

열한 번째

여	호	수	아		하	란
행			나	아	만	
	베	다	니			물
우	뢰		아	모	스	
	아	골			스	랍
야		고		바	로	
벳	세	다		알		죄

열두 번째

에	녹			디	모	데
벤		베	스	도		나
에	바	다			호	리
셀		니	느	웨		온
	어		헤		레	
유	린		미	스	바	
	이	사	야		논	쟁

열세 번째

갈	대	아	우	르		가
라			박			라
디	매	오		두	더	지
아		메	뚜	기		
	누	가		고	모	부
벼	룩		황		리	
슬			금	송	아	지

열네 번째

빌	레	몬	서		곤	충
라			판	결		성
도	르	가			의	심
		버	드	나	무	
바	요	나		다		글
예		움		나	사	로
수	넴		야	엘		바

열다섯 번째

바	울		정		사	슴
리		신	성	모	독	
새	계	명		퉁		
인		기		이		물
			바	돌	로	매
	삽	비	라		이	
하	나		바		스	룩

열여섯 번째

모	르	드	개			근
세		라		감	람	원
오		빔		람		
경	건			나	오	미
	포	도	나	무		디
사	도		실		평	안
랑		의	인		등	

열일곱 번째

산	상	수	훈		명	
헤			계		성	막
드	보	라		중		내
린		이	스	보	셋	
	웃	사		기		욥
무	시		전	도	서	
	야	영	장		로	스

열여덟 번째

유	라	굴	로		팔	
브			마	가	복	음
라		두				부
데	살	로	니	가		
	구			나	그	네
요	나		열			레
	무	교	병		각	오

열아홉 번째

엘		힛		나		라
리		데	메	드	리	오
에	스	겔				디
셀			감	사		게
	인	구		무	시	아
아		브	니	엘		
이	드	로		하	박	국

스무 번째

베	드	로			지	갑
들			영	광		바
레	위	기		주	기	도
헴		독	수	리		기
	종	교			부	아
다	말		에	스	겔	
윗		나	봇		로	데

스물한 번째

청	지	기			찰	
	성			요	나	단
다	소		부	시		
대		파		야	비	아
오	홀	리	압			사
	론		살	만	에	셀
종		샬	롬		서	

스물두 번째

바	알	브	올			두
알		니		예	수	아
세		엘	리	후		디
불	못		노		데	라
	자	비			나	
애	국		사	마	리	아
가		욥	기		온	

스물세 번째

할	례		오	벧	에	돔
렐			벳		발	
루	디	아		호	산	나
야		벳		렙		할
		느	고	산		리
두	기	고			요	엘
	고		요	안	나	

스물네 번째

히	브	리	서		서	리
스			신		머	
기	브	아			나	드
야		말	구	유		로
	소	렉		리	비	아
	유		세	바		
선	지	자		다	메	섹

스물다섯 번째

큰	물	고	기		불	결
	세		도	마	뱀	
할	례					집
로		여	호	사	밧	
헤		고		마		아
스	바	냐		리	브	가
	벨		노	아		보

스물여섯 번째

갈	렙		빈		대	상
빗		골	방		들	
대	머	리		길	보	아
		앗	수	르		
부	요			앗	브	엘
	안	드	레			가
딤	나		아	브	로	나

스물일곱 번째

빌	라	델	비	아		여
닷		아			휘	갑
		르	우	벤		스
보	혜	사		암	미	엘
디				미	리	
베	데	스	다		암	소
라			단	결		반

스물여덟 번째

그	리	스	도		비	유
리			주	일		두
스		건		군	기	고
보	아	너	게		름	
	비			시	부	
디	나		노		음	악
	답	부	아			어

스물아홉 번째

아	레	오	바	고		우
	기			자	수	정
	온	유			산	
마		니		바	나	바
기	브	아		락		돌
	라		감		대	로
	가	라	사	대		매

서른 번째

바	디	매	오		마	네
	도		벳	바	게	
에	서				도	겐
브			하	나	냐	
라		나		다		
임	박	함		나	감	향
	수		우	엘		후

서른한 번째

장		느			병	기
수	로	보	니	게		브
	암		므		상	아
개	미		롯	의	처	
종		학		로		매
자	갈		행	운		무
	렙	돈		자	고	새

서른두 번째

함	므	다	다		상	여
무			볼	모		우
엘	리	야		사	자	굴
	브		갈		물	
마	가		구	두	쇠	
지		나		마		욕
막	달	라		음	란	

서른세 번째

브	엘	세	바		이	자
리			벨	릭	스	
스		아	론		마	
가	라				가	두
	가	이	사	랴		란
그		사			마	노
실	버	벨		실	라	

서른네 번째

드	라	고	닛		도	
루			시	위	대	장
보	디	발		초		로
사		가	브	리	엘	
	발	락			리	밧
단	꿈		메	시	야	
	치	료		험		돛

서른다섯 번째

므	두	셀	라		악	고
	아		갈	미		르
	디	나		스	데	반
돌	라		세	바		
		아	담		지	
기		하			도	피
여	호	와	의	사	자	

서른여섯 번째

삼	위	일	체		라	
손		곱		천	부	장
		교	법	사		관
제	직	회			디	
사			안	디	바	
장	모		식		네	벡
	금	요	일		스	

서른일곱 번째

예	수	그	리	스	도	
루			노		다	
살	로	메		시	님	땅
렘		뚜		브		
	종	기		라	새	아
오	말		이	와		히
뎃		알	와		에	훗

서른여덟 번째

무	화	과	나	무		부
교		부		소		림
절	제			부	활	절
	비		인	재		
	뽑		연		구	
주	기	도		장	애	물
인		피	조	물		욕

서른아홉 번째

여	리	고		십		기
델		요	한	계	시	록
	다		니		므	
가	말	리	엘		온	천
나				회		사
안	디	옥		당	회	장
	몬		땀		개	

마흔 번째

	여	호	수	아		
안		세		나	오	미
드	고	아		니		지
로			노	아		근
니		진	동		김	함
고	멜		자	식		
	기	본		사	드	락

마흔한 번째

창	세	기		아	히	야
포		들	릴	라		
		리		우	바	스
다	시	스		나		알
	스		바			디
아	라	랏	산		야	엘
합		대		생	일	

마흔두 번째

달	리	다	굼		평	온
란		브				유
트		네	르	갈		한
	쓰	스		대	언	자
좌			부	아		
우	정		림		유	괴
	성	탄	절	예	배	

마흔세 번째

탈		말		요	게	벳
출	애	굽	기		네	
	국				사	븟
동	심		나	사	렛	
산		로	드			자
지	팡	이			만	족
기		스	데	바	나	

마흔네 번째

느	부	갓	네	살		여
부		닷		문		부
사	갈			나	하	스
스		폐	허		길	
반	지		메	추	라	기
	렁			문		독
	이	가	봇		비	교

마흔다섯 번째

	기	나			다	밧
풍		일	루	리	곤	
요	단	강		스		고
	나		에	바	브	라
		쌍			라	
돌	기	둥		아	가	보
판		이	사	벨		습

마흔여섯 번째

데	메	드	리	오		가
가		다		네	리	아
볼	모			시		바
리		디	두	모		
	잇		루		얍	
독	사		마	태	복	음
	갈	릴	리			행

마흔일곱 번째

오	병	이	어		반	열
스			부	아		왕
납	달	리		히	스	기
발			도	도		
		세		벨	리	알
	마	리	아		블	
수	태		삽	비	라	

마흔여덟 번째

	신	성	모	독		해
구	약		르		아	골
름			드	힌	나	
기		학	개		니	도
둥	지			부	아	
		에	스	겔		엘
바	르	발		로	글	림

마흔아홉 번째

빌	레	몬	서		구	스
	위		원	수		바
돼	지			고	나	냐
	파	수	꾼		실	
십				가	인	
자		바	나	바		다
가	이	사		다	르	곤

쉰 번째

벨	드	사	살		어	이
리			만	물		기
알	패	오		질	투	심
	악		나		기	
고	질		아		심	방
약		야	만	인		문
함	무	엘		격	전	지

쉰한 번째

율	법		아		사	막
리		에	셀	나	무	
오	르	바			엘	리
		다	마	리		비
	로		르		광	야
목	마	르	다		주	
수		우		골	리	앗

쉰두 번째

	데	오	빌	로		맛
십		홀		가	이	사
일	루	리	곤		스	
조		압			마	노
	대		브	두	엘	
데	가	볼	리			메
마			아	리	마	대

쉰세 번째

안	디	옥		감	람	유
		중		찰		배
바	울	서	신		가	지
알		신			라	
살	렘		유	다	지	파
리			대			수
사	두	개	인		삯	꾼

쉰네 번째

구	레	네		여		복
		압		가	나	안
데	가	볼	리		사	
메		리		돌	로	침
드	다			레		묵
리		아	리	마	대	
오	홀	라		이		못

쉰다섯 번째

랍	사	게		루	포	
		데	베	스		아
벨	릭	스		드	보	라
사			고	라		랏
살	문	나			단	
	지		나	다	나	엘
토	기	장	이			닷

쉰여섯 번째

	아	데	미		와	전
에	덴		디		스	
브			안	도	디	야
라		비		엑		
임	마	누	엘		갈	골
	아		리		보	
민	가		암	블	리	아

쉰일곱 번째

엔	학	고	레		마	늘
돌		세			노	
	갑	바	도	기	아	
방	주			묘		엘
망		홉		자	연	
이	고	니	온		합	리
	난		정	탐	군	

쉰여덟 번째

	에	브	라	임		허
유		누		신	들	메
다	니	엘			라	
서				가	야	바
	베	개		이		알
신	뢰		가	난		스
	아	킵	보		근	본

쉰아홉 번째

	비		드	고	아	
유	두	고		레		전
	니		마	스	레	가
보	아	너	게		기	
자			도		온	천
기	독		냐			주
	신	세		개	신	교

예순 번째

	레	아		마	아	스
에		리	블	라		알
벨	릭	스				디
		다		다	니	엘
빈		고		비		
말	고		베	다	니	
	아	비	새		도	끼

예순한 번째

	바	리	새	인		원
발	락		김		무	죄
라			질	그	릇	
단	결			무		시
			요	엘		내
	엘	드	게		입	산
거	리		벳	세	다	

예순두 번째

	삽	바		재		알
		라		미	그	론
엔	로	겔			므	
세			엘	벧	엘	
메	드	바		니		갑
스		로		므	깃	도
		스	레	라		림

예순세 번째

	조		멜		룻	다
갑	바	도	기	아		베
		갈		바	다	라
	아	마	겟	돈		
베	겔				로	가
	다	랄	라		암	
악	마		갈	그	미	스

예순네 번째

	고	세	바		라	면
온	통		드	우	엘	
		두	로			선
베	드	라	바		므	나
노				가	드	
니	가	노	르		사	슬
	루		우	리	엘	

예순다섯 번째

알	람	멜	렉			물
파		기		시	스	매
	벧	세	메	스		
		덱		라	아	마
깃	델		보		리	
달		로	루	하	마	
리	모	데			대	응

예순여섯 번째

	스	가	가		시	
악	굽		드	로	비	모
메			헤			르
다	밧		벨	라		드
	수			기		개
마	아	가		스	바	
중		보	람		마	찰

예순일곱 번째

갑	절			브	나	야
스		부	디	엘		세
엘	고	스			베	라
	집		마	므	레	
수		부	아		스	보
하	소		세	겜		세
	고	니	야		시	스

예순여덟 번째

삼	갈	르	보		즉	시
매		무		홍		므
	브	엘	라	해	로	이
마	네		합		암	
	야			오	디	
	아	박	삿		에	고
순	간			액	셀	

예순아홉 번째

소	스	데	네		답	례
망		가			부	
	아	볼	로	니	아	
므	라	리		고		미
히			악	볼		스
다	아	낙		리	스	바
	량		알		릴	

일흔 번째

여	호	와	닛	시		
선		병		내	외	간
지	조		노	산		음
	각	오			원	한
발	목		방	목		여
등		마	법		살	인
상	속	권		충	만	

일흔한 번째

	브	리	스	길	라	
누	나		승		오	락
더		창		마	디	
기	와	조	각		게	라
	스			고	아	
갓	디	엘		르		베
길		라		반	세	겔

일흔두 번째

가	상	칠	언		계	
	번		감		기	대
소	제		생	계		리
나			심		방	석
기	브	온		무	지	
		유	일	성		싸
정	결	함		의	로	움

일흔세 번째

다	니	엘		아	사	헬
대		리	스	바		라
오	말			아	침	
	기		멤	버		문
요	엘	라		지	지	자
시		새			진	
야		아	히	마	아	스

일흔네 번째

반	대		신		모	
	여	갈	사	하	두	다
밀		렙		삽		
알	로	에		나	아	만
		브	올			성
마	누	라		전	염	병
음		다	각	도		

일흔다섯 번째

아	비	나	답		아	내
		사			라	
보	게	렛	하	스	바	임
복		예		둘		산
	아	수	바		산	
만	세		로	루	하	마
	라	가		머		술

일흔여섯 번째

	암	블	리	아		열
개	미			닥		대
구		야	아	사	니	야
리		심		스		
	아		알	다	스	헷
머	리		루			족
	에	라	스	도		속

일흔일곱 번째

하	객		총	아		약
바				야	아	간
시	므	아			사	
냐		구	주		렐	
		사	모	드	라	게
구	아	도		다		드
별		대	패		달	마

일흔여덟 번째

	시		기	스	바	
호	사	야			로	가
응		르	비	딤		세
	수	하		나	비	스
	리		경		스	
시	아		우	르	바	노
절		코		우		예

일흔아홉 번째

가	이	사	랴	빌	립	보
이		명		라		호
사	밧		느	도	바	
	세		보		락	갓
르	바	옷		본		삼
아		니	고	데	모	
야	스	엘			세	금

여든 번째

	세	력		기		하
벨	렛		요	아	하	스
	사	노	아			나
가	할		스		레	아
데		수			기	
스	루	아		시	온	산
	터		혼	돈		파

여든한 번째

	무	신	론		너	
	지				머	그
학	개		청	산		리
고		본		호	데	스
스	알	디	엘			도
	맹		사	두	개	인
차	이		밧		혁	

여든두 번째

로	마			여		안
암		디	도	유	스	도
디		글			매	
에	글	랏	슬	리	시	야
셀		빌				유
		레	겜	멜	렉	
이	에	셀		기		비

여든세 번째

가	까	이		가	우	다
		예		르		툼
여	호	아	하	스		
호		바		나	깃	수
사	알	림				염
바			세	마	포	
드	루	실	라		도	덕

여든네 번째

암			데		용	
시	므	론	므	론		네
	깃		니		우	르
수	도			부		갈
호			델	하	르	사
천	사	장				레
사		로	암	디	에	셀

여든다섯 번째

글	루	히			바	보
피		브	루	기	아	
		리			사	형
여	호	사	바	드		
로		람		빌	립	보
보			데			그
암	블	리	아		노	루

여든여섯 번째

지	느	러	미			피
	도		스	미	라	못
아	바		르		오	
스		나	봇		디	셉
놋	뱀		마	르	게	
다		보	임		아	헬
불	면	증		혀		라

여든일곱 번째

	길	보	아		소	동
바		게		관	원	
아	얠	렛	샤	할		무
나		하			가	드
		스		반	말	
고	세	바			리	더
자		임	마	누	엘	

여든여덟 번째

엘	론	벧	하	난		폭
림		디		파	수	군
	스	불	론		컷	
에		라		여		악
라	마	다	임	소	임	
스		임		하		칼
도	구		요	야	림	

여든아홉 번째

	디	르	사		구	나
바	산		웨			비
퀴			기	르	가	스
	바		랴		바	
달	마	누	다		도	발
	스		임		기	
바	다	라		마	아	가

아흔 번째

뱀		주	머	니		그
	오	인		고	스	비
	보			볼		라
히	에	라	볼	리		
브					이	
리		바	알	레	유	다
어	머	니		벨		락

아흔한 번째

악	마		말	기	수	아
	르		기		리	
호	다	위	야		샷	두
세				시	대	
아	히	만		드		게
	스		실	기		데
두	기	고		야	베	스

아흔두 번째

	데	베	스			과
하	마		달	마	누	다
나			보		더	
	바	로	스		기	시
낟	알		내			온
	하			뒷	동	산
	손	바	닥		작	

아흔세 번째

학		막		고	르	반
살	문	나		스		석
		드	로	니	모	
글	루	배			세	탁
레			부	주	의	
멘		재	림		율	레
드	레		절		법	

아흔네 번째

하	아	하	스	다	리	
	비		알		배	상
이	삭		디	몬		번
스			엘		소	제
비	둘	기		실	바	
브		브			더	위
놉		아	빕	월		선

아흔다섯 번째

이	드	르	암		평	화
방			호	디	야	
인	도			모		언
	피	곤		데	므	니
질			베		드	
환	호		고		사	슴
	바	알	랏	브	엘	

아흔여섯 번째

도	살			멜	레	아
갈		목	소	리		
마	레	사		데	레	스
	겜		탕			구
	멜	레	아		바	디
몰	렉			의		아
락		사	마	리	아	인

아흔일곱 번째

맛	디	아		헬	레	스
메			손	갓		불
나	아	마		핫		
		노		수	산	나
이	예	아	바	림		홀
리			루		축	
야	수		아	나	하	랏

아흔여덟 번째

게	하	시		룻	기	
하		비			브	올
라		아	스	다	롯	
심	마		알		핫	숩
	르	훔		납	다	
수	스		유		아	첨
	나		아	하	와	

아흔아홉 번째

스	다	구			치	하
낵		산	헤	립		스
		리		니	골	라
가	이	사	랴		짜	
		다		학	기	야
깁	사	임		고		디
실			뉴	스		엘

백 번째

글	벗		가	시		철
루		엘		므	라	야
히	에	라	볼	리		
	디		일		편	지
증	오			곰		도
	피	조	물		과	자
고	아		매	춘	부	

백일 번째

우	르	바	노		느	낌
리		보		세	부	
아	야		까		사	모
	이		치		라	
므	로	닥	발	라	단	
라				이		스
야	생	초		사	르	밧

백이 번째

힐	기	야		친	구	
	스		나		아	귀
에	바	브	로	디	도	
시		라		바		고
온	건		엘		여	름
게			라	새	아	
벨	드	사	살		림	몬

백삼 번째

아	브	라	함	의	품	
가		갈		자		소
보	리				광	란
	브		할	해	야	
마	가		하			인
지		요	스	브	가	사
막	베	나		솔		

백사 번째

에		미	리	암		빈
바	랑			블	레	곤
브		압		리		
라	오	디	게	아		에
	홀		하			이
삼	라		라	암	세	스
성		양	심		일	

백오 번째

그	돌	라	오	멜		안
발		합		기	드	온
암	투		행	세		
모		반		덱		피
니	가	노	르		에	난
	레		하	모	나	
탁	아		뱌		임	종

백육 번째

슬	로	미		후	계	자
픔		신	들	메		
	수			내	리	막
글	라	우	디	오		비
레		슬				아
멘		초		게	로	스
드	림		확	산		

백칠 번째

아	가	보		아	우	성
리		세		둠		
에	베	스	담	밈		구
	레		대			성
아	스	돗			구	원
	웃		접		레	
	사	브	낫	바	네	아

백팔 번째

아	스	부	나	스		불
히		정		도	마	뱀
도	전		사	이		
벨				고	지	기
		르	름			럇
고	바	우		므	낫	세
향		마	가	단		벨

백구 번째

가	야	바		에	스	골
		사		스		격
안	디	바	드	리		
드			살		무	게
로	드	발				롯
니		등	한	히	여	김
고	민	상		잡		함

백십 번째

수	로	보	니	게	여	인
리		좌		양		신
엘	라		작			매
	맛	다	나		자	매
흥	미				고	
	스		골	로	새	서
아	베	가		고		한

백십일 번째

미		가		동	무	
야	아	시	어		더	욱
민			히	스	기	
	여	레	못			소
무		겜		마	홀	리
시		멜	레	아		
아	말	렉		스	가	랴

백십이 번째

창	세	기		엠	마	오
피		혼	인		지	
	과		신	묘	막	측
가	부	장	제			근
시			물	고	기	
나		베			회	개
무	지	개		단		혁

백십삼 번째

출	애	굽	기		집	회
	굽			후	회	
	시	내	산		소	동
인	내		파	리		서
도		환		더		고
자	기	희	생		버	금
	름		질	그	릇	

백십사 번째

레	위	기		족		단
이		르	호	보	암	
		가			미	가
안	나	스		만	나	
도			가		답	변
디	오	누	시	오		화
야		룩		해	골	산

백십오 번째

민	수	기			현	재
		원	주	민		판
극		전		생	매	장
락	갓		수	고		
왕		모	태		기	
토	라		고	슴	도	치
	가	라	지			유

백십육 번째

거	짓	말		바		
		라	오	디	게	아
신	명	기				리
앙			벧	세	메	스
고	집		바			도
백		아	라	바		불
	비	굴		산	책	로

백십칠 번째

여	호	수	아		기	근
호			모		스	
와	협		스	데	바	나
		우		레		사
	가	르	가	스		렛
바	다		우		노	예
	라	아	다			수

백십팔 번째

	아	브	라	함		호
우	레			무	술	람
	오	벳		엘		
아	바		반		광	채
	고	리	대	금		찍
비		스		강	도	질
하	수	바		석		

백십구 번째

솔	로	몬		폭	동	
	이		음		요	엘
에	스	드	모	아		드
덴				간	다	게
동	산	지	기		브	
산		성		동	네	
	아	소	도		스	룩

백이십 번째

하		함	므	다	다	
소			헤		도	이
연	기		다	윗		스
	아	스	벨			르
미		룹		여	후	엘
글	로	바		흥		사
롯		벨	렉		요	람